Dividenden-Hebel-Strategie

Wie Sie Die Richtigen Aktien Auswählen Und Hohe Renditen Erzielen

Besuchen Sie die Webseite zum Buch
www.dividendenhebel.de

Copyright © 2015, 2016, 2017, 2018 by Saso Nikolov
Urheber Saso Nikolov
Alle Rechte vorbehalten.
Dieses Buch oder Teile davon dürfen nicht ohne ausdrückliche
Genehmigung kopiert werden.

Erstausgabe: 2015
Zweite Ausgabe, Januar 2016
Dritte Ausgabe, August 2017
Vierte Ausgabe, Februar 2018
Korrigierte Version 4.: April 2018

ISBN-13: 978-1548903459
ISBN-10: 1548903450
BISAC: Business & Economics / Investments & Securities /
Stocks

Saso Nikolov GmbH
Julius-Brecht-Straße 3
D-60433 Frankfurt

www.dividendenhebel.de

Einleitung

Hallo, ich bin Saso Nikolov. Ich freue mich, dass Sie sich für die Dividenden-Hebel-Strategie interessieren. Ich möchte Ihnen gerne mein alternatives Aktien-Investment-System vorstellen, dass es Ihnen ermöglicht, ebenfalls Gewinne mit Aktien zu erzielen. Doch vorher erzähle ich Ihnen, wie ich das System entdeckt habe.

Es fing damit an, dass ich eine lukrative Art des Investments suchte. Schnell war mir klar, dass ich in Aktien investieren wollte. Bei meinen Recherchen traf ich auf den Ansatz des „Value Investing", auch Value-Strategie genannt. Hier fiel vor allem immer wieder ein Name auf: *Warren Buffet*. Nach der Lektüre seiner Biografie fasste ich den Entschluss, es so wie er zu probieren. Durch ihn erfuhr ich von *Benjamin Graham* und dessen Buch „Wertpapieranalyse". Darin wird ausführlich die Analyse von Wertpapieren und das Verfahren des „Value Investing" erklärt, also dem Investieren in Werten zu fairen Preisen.

Ich wollte nicht mehr mit Aktien spekulieren, sondern lernen, wie man als Investor in Aktien investiert und dadurch eine fundierte Entscheidung treffen, welche Aktien ich kaufe. Bei mir zu Hause lagen überall Bücher über das Analysieren und Bewerten von Unternehmen herum. Ich lernte, wie man den inneren Wert eines Unternehmens ermittelt und damit einen guten Einstiegskurs bestimmen kann.

Anstatt mit dem Bauch zu kaufen, ermittelt man einen guten Aktienkurs und wartet dann ab. Ich machte mich sofort an die Arbeit. Doch die Auswahl der Aktien war sehr aufwendig. Je mehr ich wusste, desto schwieriger fiel es mir, die richtigen Aktien auszuwählen.

Die Berechnung der Aktienkurse für den idealen Einstieg war langwierig und schwer

Die Berechnungen der Aktienkurse kosteten mich viel Zeit. Zu jedem größeren Unternehmen gab es eine Unmenge an Daten. Dazu waren diese oft schlecht aufbereitet. Trotz Internet und den vielen Börsendiensten musste ich deshalb verschiedene Quellen nutzen.

Mit der Zeit sagte ich mir: *Es muss doch einfacher gehen. Es muss einen einfacheren Weg geben. Einen Weg, der weniger Zeit benötigt und dennoch das Risiko für das einzelne Investment nicht erhöht.*

Ich wollte unbedingt vermeiden, dass ich einen überbewerteten Wert kaufte. Die Erfahrung aus der *Dotcom-Blase* (1999-2001) ängstigt mich heute noch, eine Aktie viel zu teuer zu erwerben. Nachdem ich die Filterkriterien meiner Aktienliste strenger definierte, befanden sich nur noch wenige Aktien aus den besten Aktienindizes darin. Das war beruhigend.

Das Modell der *Value-Strategie* bestimmt, wann man einen Wert, also eine Aktie kaufen kann. Bei höheren Kursen gilt somit, dass man nicht kaufen sollte. Das führte zur Erkenntnis, dass man vielleicht dann verkaufen sollte.

Also kaufte ich nur noch Aktien, wenn der aktuelle Aktienkurs unter meinen berechneten Einstiegswert sank. Zusätzlich berechnete ich einen Kurs, ab wann sich das Investment nicht mehr lohnt. *Zum Beispiel, wenn die Differenz zwischen dem Einstiegskurs und aktuellem Kurs die Dividende deutlich übersteigt.* Ab dann konnte ich verkaufen und erneut auf einen fairen Wert warten.

Ausstiegskurse als Absicherung gegen einen Börsencrash

Also bestimmte ich für die Aktien einen Verkaufkurs. Dieser Verkaufkurs ist der Einstiegskurs mit einem Gewinnaufschlag. Dieses Kursziel ist der Ausstiegskurs. Der Aufschlag auf den Gewinn sollte höher sein, als die minimale Rendite (die Dividende) des letzten Jahres. Ansonsten könnte ich die Aktie auch halten und die Dividende einnehmen. Was auf den gleichen Betrag hinaus läuft.

Die Liste der Kandidaten wurde ziemlich kurz, da ich den Filter für die Auswahl der Aktien sehr konservativ einstellte. Bald wurden die ersten Einstiegskurse erreicht und kurze Zeit später folgten die berechneten Ausstiegskurse. Es funktionierte. Die Veräußerungsgewinne überstiegen die Dividendenrenditen um ein Vielfaches. Als dann einige der verkauften Wertpapiere wieder an Wert verloren und auf einen angemessenen Wert fielen, bestätigte dies meine Strategie umso mehr.

Ein Börsencrash kündigt sich mit extrem hohen Kursen an. Durch einen vorzeitigen Verkauf, würde ich fast garantiert nicht am Markt investiert sein, wenn ein Börsencrash passiert. Mit meiner Strategie würde ich also mit Geld auf der Lauer liegen, um nach einem Kursrückgang sehr günstig einzukaufen.

Entdeckung eines Systems

Die Idee ist, nur in herausragende Unternehmen zu investieren und auf einen angemessenen Preis zu warten. Ich testete meine Strategie an Aktien etablierter Unternehmen. Auch an Aktien, die durch meinen Filter gefallen sind. Es ergab sich ein erstaunliches Ergebnis, mit dem ich dann meine Strategie verfeinert habe, die Dividenden-Hebel-Strategie.

Zwar profitiere ich durch einen frühen Verkauf nicht an einem weiteren Kursanstieg, doch kann ich die Gewinne in andere Wertpapiere investieren. Damit erhalte ich einen guten Zinseszins-Effekt.

Verbreitung meines Systems

Ich bin so überzeugt von diesem System, dass ich gern darüber spreche. Jedem, der interessiert ist und nicht schnell genug wegrennen kann, erläutere ich das System. Darum meine Bitte, geben Sie dem System eine Chance. Lesen Sie sich die Strategie und das dazugehörige System durch. Machen Sie eigene Tests mit Aktienkursen aus der Vergangenheit. Vertrauen Sie mir nicht, sondern testen Sie das System und entscheiden Sie dann selbst.

Mit dem System gewinnen Sie gut 20 % und mehr pro Jahr. Dabei steigt Ihr Risiko kaum. Im Gegenteil, durch eine gute Auswahl von Wertpapierkandidaten, können Sie Ihr Risiko sogar minimieren. Die Risikominimierung entsteht durch das geringere Unternehmensrisiko bei herausragenden Unternehmen.

Mit dem Erfolg kam die Gier

Ich will ehrlich zu Ihnen sein. Das System lief sehr gut für mich. Doch ich wurde bald gierig. Sehr gierig. Ich dachte, wenn es bei Aktien gut funktioniert, könnte ich es auf Optionsscheine übertragen. Also versuchte ich es mit kurz laufenden Optionen auf Index-Werte.

Doch wie so oft bei Leuten, die viel zu hoch fliegen, stürzte auch ich extrem ab. Beflügelt durch die Gewinne an der Börse, überschätzte ich mich enorm. Gierig geworden, wechselte ich also von Aktien auf Optionsscheine von Index-Werten. Dabei verlor ich fast alles.

Neustart

Nach dem Schock besann ich mich des ursprünglichen Systems. Ich schwor der Spekulation ab. Ich kann Ihnen nur davon abraten, Ihr komplettes Kapital in risikoreiche Anlagen zu setzen. Lesen Sie dazu unbedingt das Kapitel „Gier frisst Hirn" und lernen Sie aus meinen Fehlern, anstatt diese selbst zu machen. Seien Sie nicht *Saso*, seien Sie clever.

Saso Nikolov

Über dieses Buch

Dieses Buch beschreibt Ihnen mein System, eine alternative Aktien-Investment-Strategie. Mit dieser Strategie können Sie in Aktien investieren, ohne Gefühle wie bei einer Achterbahnfahrt zu durchleben. Sie erhalten eine Strategie, die Sie mühelos nachvollziehen können. Denn es gilt, nur in herausragende Unternehmen zu investieren und zusätzlich auf einen angemessenen Kurs zu warten. Gleichzeitig bietet es die Chance auf einen Kursgewinn, ohne daraufhin zu spekulieren.

Ich beschreibe Ihnen meine Strategie und hoffe, dass Sie dadurch eine Anregung für Ihre eigene Strategie entwickeln können.

Dieses Buch handelt von der Investition in Aktien. Deshalb sind die meisten Anlehnungen und Beispiele auf ein Investment in Aktien zugeschnitten. Dies gilt besonders für die Kapitel über die Risikoklassen, Nachrichten und Märkte.

Meine Strategie ist auf langsames und bedachtes Vorgehen ausgelegt

Das System ist eher auf ein langsames und bedachtes Vorgehen ausgerichtet, also eher auf Slow-Investing. Sie erlernen ein einfaches System, mit dem Sie geeignete Aktien identifizieren können und entsprechende Einstiegs- und Ausstiegskurse berechnen.

Es gibt mehr Möglichkeiten zu investieren. Sie sollten diese Möglichkeiten eventuell auch für sich in Anspruch nehmen. Eine Verteilung auf verschiedene Investmentvehikel ist keine schlechte Idee. Das vorliegende Werk behandelt jedoch nur den Handel mit einzelnen Aktien.

Erlernen Sie zuerst das Handwerk für eine Investition in Aktien. Später können Sie Ihre Investitionen in andere Bereiche ausbauen. Dazu gibt es sehr viele gute Informationsquellen, aber das ist nicht Gegenstand dieses Werks.

Obwohl wir den langsamen Weg wählen, haben wir oft 2–4 Trades im Jahr. Gerade durch den Einsatz der Wellenschnitt-Taktik orientieren wir uns auf langfristiges Investieren, realisieren aber kurzfristig höhere Gewinne, sofern sich diese bieten. Ich erkläre Ihnen die Wellenschnitt-Taktik später im Detail.

Es ist also ein sehr opportunistisches Vorgehen. Doch damit nutzen Sie alle Chancen, die sich Ihnen bieten und reduzieren sogar das Risiko durch ausgewählte Aktienwerte, eine kürzere Haltedauer und durch frühe Realisierung von Gewinnen.

Zielgruppe für dieses Buch

Dieses Buch ist genau richtig für Sie, wenn Sie sich in der folgenden Beschreibung auch nur zum Teil wiedererkennen.

● Sie wollen mehr Sicherheit für Ihre Entscheidungen in Bezug auf den optimalen Einstieg und Ausstieg bei Aktien.

● Sie kennen Aktien und Wissen auch, was Aktienfonds sind, möchten aber lieber selbst entscheiden, welche Aktien in Ihr Depot kommen.

● Sie wollen Ihrer Finanzbildung ein weiteres Kapitel hinzufügen.

● Sie wollen die hohen Renditen aus dem Aktienmarkt, doch wissen noch nicht genau, wie Sie es angehen sollen.

● Obwohl Sie die volle Kontrolle behalten möchten, können Sie nur wenig Zeit für eine gründliche Analyse aufbringen.

● Sie verfügen über mehr als 5.000 Euro zum Investieren und sind bereit, sich an ein System zu halten, um eine sicherere Grundlage für Ihre Investments aufzubauen.

Ich wünsche mir, dass dieses Werk Ihnen eine gute Anregung für Ihre eigenen Entscheidungen liefert.

Vorschlag zum Lesen

Lesen Sie das Buch beim ersten Mal schnell. Markieren Sie die Stellen, welche für Sie interessant sind. Analysieren Sie nicht lange. Lesen Sie weiter, um die Zusammenhänge zu erfassen und einen Überblick zu gewinnen.

Lesen Sie dann das Kapitel nochmal. Nutzen Sie ein Notizbuch. Schreiben Sie für Ihre markierten Stellen eine Überschrift auf. Nehmen Sie meine oder noch besser, formulieren Sie Ihre eigene Überschrift. Erfassen Sie dann die Markierung als Stichpunkte. Formulieren Sie anschließend eigene kurze Sätze dazu. Das Umformulieren zwingt Ihr Gehirn, das Gelesene erneut zu analysieren.

Ideal ist es, wenn Sie nach jedem Kapitel eine Denkpause einlegen, um das Gelesene zu überdenken. Mit dieser zusätzlichen Arbeit brennen sich Sie das Wissen geradezu ein.

Hören Sie sich das Buch an. Laden Sie sich das Hörbuch herunter und hören Sie es unterwegs. Das Hörbuch habe ich selbst vorgelesen. Sie finden es im Kapitel: *Bonus zum Buch.*

Mit Daumen-drückender Zuversicht
Saso Nikolov

Inhaltsverzeichnis

Möglichkeiten für eine Investition

Die Dividenden-Hebel-Strategie

Schritt 1 - Ermitteln der Wertpapierkandidaten

Schritt 2 - Einstiegskurse ermitteln

Schritt 3 - Ausstiegskurse ermitteln

Schritt 4 – Berechnete Kurse auf die Watchliste setzen

Schritt 5 – Handeln, wenn die Kurse erreicht sind

Schritt 6 – Richten Sie Ihren Sparplan ein

Schritt 7 – Berechnungen aktualisieren, bei neuen Dividenden

Zusammenfassung

Zu guter Letzt

Disclaimer

Obwohl ich von meiner Dividenden-Hebel-Strategie überzeugt bin, kann es keine 100%-Garantie geben. Ich kann Ihnen nicht versprechen, dass Sie einen Gewinn machen, alles andere wäre unseriös. Alles was ich sagen kann, ist, dass ich damit immer Gewinn erzielt habe. Selbst die VW-Aktie hat Ihren herben Verlust wiedergutgemacht. Darin liegt auch die Stärke der Dividenden-Hebel-Strategie. Sie wählen Unternehmen aus, die eine Krise überwinden können und es auch schon öfters bewiesen haben.

Zu viele Einflüsse steuern die Aktienmärkte

Es sind einfach zu viele Einflüsse beteiligt. Sie erhalten mit diesem Werk eine Anleitung, mit der Sie selbstständig geeignete Kandidaten für ein Investment ermitteln können. Dennoch ist dieses Werk kein Investmentberater und kein Angebot oder gar eine Aufforderung ein bestimmte Aktie zu erwerben.

Meine Vorstellung von einer möglichen Strategie

Mit dem vorliegenden Werk beschreibe ich Ihnen, wie ich meine Kurse derzeit berechne. Aber die Berechnung und vor allem die tatsächlich genutzten Einstiegs- und Ausstiegskurse können von der hier dargestellten Methode mit der Zeit abweichen.

Bei der Berechnung der Einstiegs- und Ausstiegskurse ist ein Sicherheitspuffer eingebaut. Dieser Sicherheitspuffer richtet sich stark nach der Aktie, der allgemeinen Lage und den aktuellen Geschäftszahlen. Diesen Sicherheitspuffer berechne ich individuell und kann deswegen keine detaillierten Ausführungen darüber abgeben.

Keine Gewähr – Sie handeln nach eigenem Ermessen

Sie verstehen, dass ich keine Gewähr für die Richtigkeit und die Erfolgsaussichten der hier von mir erklärten Strategie, Berechnungen und Vorgehen geben kann. Das ist unmöglich. Zum einen ändern sich eventuell gerade oder später die Märkte und die Gesetzeslage. Zum anderen ist die Berechnung der Kurse und die Auswahl der Kandidaten auch von Ihrer Rendite-Erwartung und Ihrem Sicherheitspuffer abhängig.

Haftung ausgeschlossen

Jede Haftung für Schäden aller Art (insbesondere Vermögensschäden), die bei der Verwendung der Daten, Methoden, Strategien, Taktiken und Berechnung für die eigene Anlageentscheidung unter Umständen auftreten, ist hiermit ausgeschlossen.

Sie handeln auf eigenes Risiko. Damit fängt auch Ihre Eigenverantwortung in Sachen Investment an.

Oft gestellte Fragen vorab

Die folgenden Fragen bekomme ich immer wieder gestellt. Die Antworten auf die Fragen entscheiden oft, ob Sie sich überhaupt mit der Dividenden-Hebel-Strategie auseinander setzen möchten.

Darum habe ich diese Fragen gleich an den Anfang gesetzt. Ich antworte, ohne dabei die Taktiken der Strategie ausführlich zu beschreiben. Dies erfolgt in den nachfolgenden Kapiteln.

Was ist das Minimum, um das Investieren nach der Dividenden-Hebel-Strategie zu beginnen?

Sie investieren in Aktien und damit fallen entsprechend Kosten für das Kaufen, Halten und Verkaufen an. Ich empfehle ein Minimum von 1.000 Euro, da ansonsten die Transaktionskosten und Bankgebühren Ihren gesamten Gewinn auffressen. Unterschätzen Sie die Bankgebühren nicht, die schlagen richtig zu. Gerade am Anfang mit weniger Kapital reduzieren die Gebühren Ihren Gewinn spürbar. Später, mit mehr Kapital und mehr Gewinn, sinkt der Einfluss der Gebühren prozentual zum Gewinn.

Ab 10.000 Euro Kapital empfehle ich, einen Online-Broker zu nehmen, da dieser viel geringere Gebühren hat. Auch wenn das prozentual weniger ausmacht, sind die Geldbeträge dennoch spürbar.

Ich selbst nutze *Interactive Broker*. Die haben zwar ein komplexeres System, sind aber sehr günstig. Derzeit nimmt *Interactive Broker* nur Kunden ab 10.000 USD an.

Wie viel kann man mit der Dividenden-Hebel-Strategie verdienen?

Das ist eine schwierige Frage, da es auf die jeweilige Aktie ankommt. Darum antworte ich lieber so: Sie werden keine 100 % schaffen, dazu ist die Strategie zu sehr auf Sicherheit und Kapitalerhaltung ausgelegt.

Aber beim Erreichen des Ausstiegskurses machen Sie in der Regel zwischen 10–30 % Gewinn durch die Kurssteigerung. Wenn der Ausstiegskurs nicht erreicht wurde, erhalten Sie die Dividende. Die Dividendenrendite unterscheidet sich bei jeder Aktie. In der Regel investieren Sie in Aktien mit 3–6 % Dividendenrendite.

Mit der Wellenschnitt-Taktik können Sie früher aussteigen, um wieder in den nächsten Kandidaten einzusteigen. Hier haben Sie einen Zinseszins-Effekt, der Ihnen ebenso 10–30 % Rendite einbringt. Die Renditewerte beziehen sich jeweils auf ein Jahr.

Was ist die Wellenschnitt-Taktik?

Mit einem Wellenschnitt meine ich eine vorzeitige Realisierung des Kurs-Gewinns. Wenn Sie bei 10 % oder 15 % aussteigen, halten Sie die Aktie viel kürzer. Sie haben aber schon die Dividendenrendite für 2–3 Jahre verdient.

Durch die kurze Haltedauer reduzieren Sie Ihr Risiko enorm. Gleichzeitig haben Sie die Möglichkeit, Ihr Kapital plus dem Gewinn erneut einzusetzen. Damit erhalten Sie einen Zinseszins-Effekt. Wenn Sie dies zweimal im Jahr mit jeweils 15 % praktizieren, haben Sie eine Rendite von 32,5 %, ohne dadurch Ihr Risiko aufgrund einer längeren Haltedauer zu erhöhen.

Wie schnell kann ich nach einem Kauf ohne Verlust wieder aussteigen?

Einen optimalen Zeitpunkt für einen Einstieg zu bestimmen, ist so gut wie unmöglich. Sie berechnen mit der Dividenden-Hebel-Strategie sehr gute Einstiegskurse. Diese sind in der Regel etwas höher als der tiefste Kurs im Jahr.

Sie kaufen mit der Dividenden-Hebel-Strategie immer etwas zu früh und verkaufen auch immer zu früh. Doch die Spanne dazwischen ist lukrativ genug.

Es kommt also oft vor, dass Sie kaufen und dann der Kurs nochmal etwas nachgibt. In der Regel pendelt sich der Kurs nach kurzer Zeit wieder ein und entwickelt sich dann in die gewünschte Richtung.

Für amerikanische Aktien geschieht dies in der Regel etwas früher als bei deutschen Aktien. Dies liegt daran, dass die Dividenden in den USA öfter, also anteilig, ausgezahlt werden. Das wirkt sich stabilisierend auf den Aktienkurs aus.

In der Regel sollten Sie bei amerikanischen Werten nach 1–2 Monaten wieder gut dastehen, also kurz vor dem Wellenschnitt. Bei deutschen Werten kann dies 2–3 Monate dauern, bis Sie den Wellenschnitt anwenden können. Die Einstiegskurse werden so berechnet, dass die Wahrscheinlichkeit einer Kurssteigerung sehr hoch ist. Um diese Wahrscheinlichkeit zu erreichen, nutzen Sie die historischen Kurse und Renditen der Aktie.

Aber wirklich wichtig ist zu verstehen, dass dies nicht garantiert werden kann. Es kann soviel Unerwartetes geschehen. Investieren Sie kein Geld, dass Sie demnächst wieder brauchen. Ein Crash kann immer passieren. Ein plötzlicher Krieg, eine große Naturkatastrophe und vieles mehr kann jederzeit passieren. Dann gelten diese beobachteten Werte nicht mehr! Dennoch versuchen wir mit der strengen Auswahl, Aktien zu nutzen, die weniger als andere Aktien verlieren und sich auch in der Regel schneller wieder erholen.

Wie hoch ist das Risiko?

Wir investieren in Aktien, dort sind die Renditen höher, aber auch entsprechend die Risiken. Durch die strenge Auswahl der Aktien versuchen wir, das Risiko extrem zu reduzieren, doch es ist kein Ausschluss von Risiko möglich.

Wenn die Kurse einbrechen, sollten Sie in der Lage sein, diese Aktien zu halten. In der Regel erhalten Sie Ihre Dividenden und werden schneller wieder obenauf sein, als mit spekulativen Aktien.

Was aber immer gilt, ist, dass einige Aktien ein sehr geringes Risiko haben. Sogar ein viel geringeres Risiko, als die Branche selbst. Nehmen Sie *Coca Cola* als Beispiel. Hier erhöhen Sie Ihr Risiko, wenn Sie auch *Pepsi* und andere Aktien in Ihr Portfolio legen. Deshalb suchen Sie etablierte Unternehmen mit langer Dividenden-Historie. Diese Unternehmen haben bewiesen, dass auch mehrere Krisen überstanden wurden.

Wo ist der Hebel in der Strategie?

Der Hebel in der Dividenden-Hebel-Strategie ergibt sich durch den Unterschied im Betrag mit der Veränderung der Dividendenrendite und dem Aktienkurs.

Die Dividende bleibt für das Jahr in der Regel gleich, der Aktienkurs schwankt. Damit haben wir im laufenden Jahr unterschiedliche Dividendenrenditen durch unterschiedliche Aktienkurse.

Wenn Sie eine Aktie zum Einstiegskurs von 100 Euro kaufen und diese Aktie eine Dividende von 4 Euro bringt, haben Sie eine Dividendenrendite von 4 %.

Wenn die Dividendenrendite durch den gestiegenen Kurs auf 3,5 % sinkt, hat der Kurs einen Sprung auf 114 Euro gemacht.

Dividenden-rendite	Dividende	Aktienkurs	Aktienkurs %
4,00 %	4,00 Euro	100,00 Euro	-
3,50 %	4,00 Euro	114,29 Euro	14,29 %

Wenn Sie mit dem Aktienkurs schon 15 % Gewinn geschafft haben, können Sie verkaufen und die Dividendenrendite von 3 Jahren im Voraus kassieren. Oder Sie setzen eine Stopp-Loss-Order und folgen dem weiteren Anstieg und sichern sich so den Kursgewinn von 15 % und haben zusätzlich die Aussicht auf eventuell mehr Gewinn.

Wie sieht es mit Diversifikation aus?

Warren Buffet meint zu Diversifikation, dass diese gut ist, um Kapital zu erhalten, aber nicht gut ist, um Kapital zu vermehren.

Es gibt Aktien, bei denen das Einzelrisiko viel geringer ist, als einige Aktienfonds aufweisen.

Die Diversifikation wird sich durch einen Sparplan und der Tatsache, dass verschiedene Aktien zu verschiedenen Zeitpunkten den Einstiegskurs erreichen, automatisch einstellen. Doch Diversifikation ist nicht das Ziel, sondern ein Nebeneffekt.

Ich persönlich habe es lieber, alles in den besten Kandidaten zu investieren, wenn dies möglich ist.

Kapitel 1

Möglichkeiten für eine Investition

Investieren ist nicht Spekulieren

Spekulieren ist nicht gleich Investieren. Wenn Sie spekulieren, dann hoffen Sie auf eine Veränderung des Kurses zu Ihren Gunsten. Wenn der gewünschte Kurs eintrifft, verkaufen Sie Ihr Spekulationsobjekt und streichen den Gewinn ein.

Bei einer Investition investieren Sie in ein Gut, welches regelmäßig eine Rendite abwirft. Bei einer Investition sind Sie nicht an einem Verkauf interessiert, viel mehr interessiert Sie die Höhe und Stabilität der wiederkehrenden Auszahlungen. Warten Sie nicht auf eine Kurssteigerung, sondern auf die Dividende.

Spekulanten hoffen auf eine bessere Zukunft

Bei einer Spekulation betrachten Spekulanten den aktuellen Markt und die aktuellen Erwartungen. Sie versuchen, in die Zukunft zu schauen und orakeln eine Kursänderung herbei. Die Vergangenheit spielt meist eine untergeordnete Rolle.

Investoren fordern vergangene Gewinne als Minimum

Bei einer Investition interessiert Sie die Vergangenheit und die Gegenwart. Sie analysieren, ob die zu erwartenden Ausschüttungen (Gewinnbeteiligungen, Dividenden, etc.) dauerhaft sein können.

Sie analysieren den aktuellen Zustand und versuchen zu verstehen, ob das Investitionsobjekt weiterhin die Ausschüttungen vornehmen kann, so dass Sie aufgrund der zu erwartenden Rendite auch einen angemessenen Preis bestimmen können. Wenn Sie die zu erwartende Rendite durch den Kaufpreis teilen, erhalten Sie die Verzinsung für Ihre Investition.

Investieren in Immobilien

„Warum sollte ich Immobilien kaufen, wenn das Handeln an der Börse so einfach ist?" – *Warren Buffet*

Grundsätzlich eines vorweg. Eine selbst genutzte Immobilie ist keine Investition. Eine Investition sollte Geld einbringen. Bei einer selbst genutzten Immobilie spekulieren Sie auf eine Wertsteigerung irgendwann in der Zukunft. Doch bis dahin kann viel passieren.

Wenn Sie eine Immobilie erwerben, um diese zu vermieten, ist das eine Investition. Sie erhalten Einnahmen, welche Ihre Kosten decken sollten. Zwar können Sie immer noch von einer Wertsteigerung profitieren, doch ist die wiederkehrende Einnahme das Ziel.

Immobilien bergen viele Risiken. Oft kann man als Anfänger nicht alle möglichen Risiken beurteilen. Ob der Kaufpreis gerechtfertigt ist oder nicht, hängt von sehr vielen Faktoren ab.

Das Anwenden einer Rendite-Entscheidung kann sehr gefährlich sein. Die Rendite muss stimmen, aber damit fängt es erst an. Eigentlich hört man von den Immobilienprofis immer wieder das Gleiche: *Lage, Lage, Lage.*

Sie sollten die Lage einschätzen können. Wenn Sie eine Immobilie in einer anderen Stadt kaufen, kann es schnell verheerend sein, in der falschen Wohngegend eine Immobilie zu erwerben. Dazu können Sie kaum kontrollieren, was Ihre Nachbarn machen. Sind Sie Miteigentümer, kann Ihnen die Eigentümerversammlung eine böse Überraschung bescheren.

Im Gegensatz zu Aktien kann es zu einer Nachschusspflicht kommen. Wenn die Versammlung der Eigentümer, oder gar neue Auflagen der Stadt, Sie zu einer großen Ausbesserung zwingt, müssen Sie diese überraschenden Kosten aufbringen.

Gerade Sanierungen werden nur unzureichend durch die angesparte Rücklage gedeckt. Zusätzlich zu den vielen Fehlern bei der Einschätzung haben Sie auch noch den enormen Aufwand für Erwerb und später für den Verkauf. Aktien können Sie in Sekunden kaufen und wieder verkaufen – Immobilien nicht. Dazu kommen noch laufende Steuern und Abgaben.

Die Bank wird Ihnen eine Immobilie gerne schönrechnen. Der Kredit kann Sie ruinieren. Ich hatte eine Eigentumswohnung gekauft. Zwar hatte ich etwas Pech mit Mietern, doch auch ohne Mietausfälle und Vandalismus hätte es sich nicht gerechnet.

Ich investierte in die falsche Lage. Die Wohnung war an sich günstig, doch die Umlagen und Rücklagen waren sehr hoch und ständig ging etwas in dem Hochhaus kaputt. Nach 10 Jahren habe ich den Kredit ausgelöst. Die Wohnung kostete mich insgesamt etwas mehr als das Doppelte. Selbst bei einer Rendite von 6 % zahlte ich drauf. (Nutzen Sie die 72-Daumenregel für eine grobe Rechnung.)

Die Wohnung hat sogar an Wert verloren. Ich war froh, sie verkauft zu haben. Ganz klar, ich bin kein Immobilienprofi. Doch rechnen Sie Ihre Investition unbedingt realistisch durch. Damit alles einigermaßen gezahlt werden kann, sollten Sie mindestens 6 % Rendite erhalten. Sonst könnte es sein, dass nicht alle Ihre Ausgaben gedeckt werden.

Dennoch kann es sich lohnen, wenn Sie wissen, was Sie tun und die Rendite, Lage und Zustand stimmen.

Bei einer Rendite von 4–5 % mit Immobilien würde ich Aktien vorziehen. Denn 4 % Rendite erreiche ich auch ohne Stress mit Aktien mittels der Dividende, meist schon nach 1–2 Jahren. Schauen Sie sich mal die Allianz-Aktie an.

Dazu kommt der Vorteil, mit weniger Kapital beginnen zu können. Sie können auch nur wenige hundert Euro in Aktien investieren. Bei einem Hauskauf werden es wohl tausende sein. Es gibt keine Nachschusspflicht. Es kann also „nur" zu einem Wertverlust der Aktie kommen.

Ein großer Vorteil ist auch die Freiheit, verkaufen zu können, wann man will. Ein Kauf ist schnell getan und auch ein Verkauf ist schnell erledigt, was Sie in die Lage versetzt, schnell liquide zu sein. Es fallen keine Notargebühren oder Grunderwerbsteuer an. Dazu sind die Gebühren für die Verwaltung der Aktien sehr gering oder fallen ganz weg. Diese zusätzlichen Kosten können die Rendite erheblich schmälern.

Risikoklassen

Es gibt verschiedene Risikoklassen. Jede Risikoklasse beinhaltet eine entsprechende Empfehlung für Finanzprodukte.

Klassifizierung A–E

Mit steigendem Risiko sollten Sie auch eine steigende Verzinsung Ihres Kapitals verlangen, also eine steigende Rendite. Die folgende Tabelle listet einige bekannte Finanzprodukte in der jeweiligen Risikoklasse auf.

Risikoklasse	Risikoart	Finanzprodukt
A	Kein Risiko	Bankguthaben, Spareinlagen, Tagesgeld, Festgeld
B	Zinsrisiko	Kapitallebensversicherung
C	Zins- oder Kursrisiko	Optionsanleihen, Geldmarktfonds, Rentenfonds
D	Zins- oder Kursrisiko	Investmentfonds, Fremdwährungsanleihen
E	Totalverlust möglich	Aktien, Optionsscheine, Futures, Genussscheine

Zinsrisiko

Das Zinsrisiko beschreibt die Gefahr, weniger Zinsen zu erhalten, als derzeit am Markt bezahlt werden. Bei einer länger gebundenen Anlage, wie zum Beispiel einer Kapitallebensversicherung, kann die garantierte Verzinsung geringer sein, als die aktuell marktüblichen Zinsen.

Das passiert in der Regel nur, wenn Sie längerfristige Investments während einer Niedrigzinsphase abschließen. Wenn die Marktzinsen später wieder steigen, sind Sie bei diesen Anlageprodukten oft gebunden und können nicht so einfach wieder verkaufen, um das Geld umzuschichten.

Kursrisiko

Finanzprodukte mit einem sich ändernden Marktwert unterliegen einem Kursrisiko. Die Gefahr besteht, dass Sie bei einem Verkauf, weniger Geld erhalten, als Sie bezahlt haben.

Grundsätzlich ist ein Investment aber auf lange Sicht ausgelegt. In der Regel möchte man nicht verkaufen, sondern eine möglichst ewige Rente beziehen. Diese erfolgt durch die Erträge der Investition. Wenn die Erträge gleich bleiben oder sogar steigen, kann es eigentlich egal sein, ob der Kurs sogar gesunken ist.

Totalverlust

Bei einigen Finanzprodukten besteht das Risiko, die komplette Investition zu verlieren. Gerade bei neuen und kleinen Aktiengesellschaften, kann eine Beteiligung sehr riskant sein. In der Regel sollten Sie für das Risiko auch eine viel höhere Verzinsung verlangen, als Sie bei einer sicheren Anlage erhalten würden.

Das Wachstum und/oder die Dividendenrendite sollten deutlich höher liegen, als Sie von etablierten Unternehmen erhalten.

Klassische Risikoklassen sind nicht genug

Bei den klassischen Risikoklassen bieten die niedrigen Risikoklassen mehr Sicherheit, dafür ist die Rendite aber auch niedriger. Grundsätzlich kann man von folgender Regel ausgehen: Je höher das Risiko, desto höher die Rendite und umgekehrt. Wenn Sie sich die Risikoklassen genauer ansehen, werden Sie feststellen, dass es auch Finanzprodukte mit hohem Risiko gibt, die dennoch eine sehr niedrige Rendite anbieten.

Einige Aktien können auch in niedrigere Risikoklassen eingestuft werden

Etablierte Unternehmen bieten in der Regel eine sehr niedrige Rendite. Deren Aktien sind schon durch manche Wirtschaftskrise gegangen, ohne dem Investor geschadet zu haben.

Diese Unternehmen konnten die Renditen über Jahrzehnte hinweg erzielen. Damit kann man wohl sagen, dass diese Aktien sicherer sind als einige Aktienfonds. Dennoch werden diese Aktien in eine gemeinsame Risikoklasse geworfen.

Wir benötigen also ein etwas angepasstes System, um die Risikoklassen zu bestimmen. Wenn die Risikoklassen mit der Rendite korrespondieren, so könnte man die Risiken nach den Renditen unterteilen.

Risikoklasse	Risikoart	Rendite
A+	Sehr niedriges Risiko	2–6 %
B+	Mittleres Risiko	7–14 %
C+	Höheres Risiko	15 % und mehr

Trotz der Neueinschätzung der Risikoklassen, besteht immer die Gefahr eines Totalverlusts. Ein Totalverlust ist in der Regel immer möglich, doch bei einigen Produkten sehr unwahrscheinlich.

Geldentwertung durch Inflation

Es besteht immer ein Risiko. Selbst wenn man nicht investiert und das Geld zu Hause auf dem Tisch liegen hat. Dann hat man das Risiko der Inflation. Das Geld verliert jedes Jahr an Wert. Bei einer Inflationsrate von 3 %, ist das Geld nach etwa 23 Jahren nur noch die Hälfte wert. Nach ungefähr 10 Jahren hat man schon fast ein Drittel des Geldwertes verloren. Deswegen ist das Ziel mindestens der Erhalt des Geldwertes, besser noch eine Rendite obendrauf zu erhalten, so kann man sein Auskommen erhalten und eventuell sogar steigern.

Bedeutung der Inflation für den Konsumenten

Um die Auswirkungen einer Inflation zu verstehen, müssen wir es von zwei Seiten sehen. Eine Seite ist der Konsument und die andere Seite ist der Investor.

Der Konsument sieht bei einer höheren Inflation, dass sein Geld immer weniger wert wird. So versucht er, sein Geld schnell wieder in Wertgegenstände und Konsumgüter zu tauschen. Um die Inflation wieder etwas einzudämmen, hebt die Zentralbank den Leitzins.

Bei einem höheren Leitzins steigen die Zinsen bei der Bank für Kredite und weniger Menschen nehmen Kredite auf. Damit wird die verfügbare Geldmenge wieder etwas reduziert. Diese Maßnahme soll die Inflation wieder eindämmen.

Wenn die Inflationsrate wieder auf einen niedrigen Wert zurückgeht, dann bekommt man wieder mehr für sein Geld. Die Menschen sparen wieder, da die Bank auch Zinsen auf Guthaben geben, um Geld für die Vergabe von Krediten günstiger als von der Zentralbank zu erhalten. Geld wird sozusagen wieder teurer. Das ist dann die Deflation.

Bei einer Deflation besteht die Gefahr, dass der Konsument Anschaffungen auf später verschiebt. Der Konsument erwartet, dass er später mehr für sein Geld bekommen wird. Die Verschiebung von Ausgaben ist aber fehlender Gewinn beim Verkäufer und Produzenten. Diese reduzieren eventuell dann die Produktion und Menschen werden entlassen.

Um dem vorzubeugen, senkt die Zentralbank den Leitzins. Das ermöglicht wieder günstigere Kredite, aber gleichzeitig auch weniger Zinsen auf der Bank. Die Inflation steigt wieder und die Menschen geben wieder mehr aus.

Bedeutung der Inflation für den Investor

Wenn der Leitzins hoch ist, sind die Kredite teuer. Die Bank bietet höhere Zinsen für Guthaben an. Auch die Staatsanleihen und Schuldverschreibungen bringen eine höhere Verzinsung, damit Investoren Geld einbringen.

Die Sicherheit gegen einen Ausfall ist sehr wichtig. Banken und vor allem Staaten mit guter Bonität bieten eine hohe Sicherheit für das Geld. Solange die angebotenen Zinsen höher sind, als die Inflationsrate zuzüglich einer Prämie, könnte es interessant sein, einen Teil des Geldes auf der Bank oder in Staatsanleihen zu investieren.

Durch die Verteilung des Geldes auf Bankguthaben und Schuldverschreibungen werden Gelder vom Aktienmarkt abgezogen oder gar nicht erst investiert. Die Aktienkurse sinken. Vor allem spekulative Aktien ohne Dividenden fallen schnell. Aktienkurse von etablierten Unternehmen mit einer guten Dividendenrendite fallen weniger und können auch teilweise steigen.

Der leichte Anstieg von sehr etablierten Aktien erfolgt durch die Umverteilung auf sichere Anlagen. So können sehr stabile Unternehmen zwar mit einer stabilen Dividende aufwarten, doch oft nur mit moderaten Wachstumsraten. Die Anleger investieren zu Hochzeiten weniger Geld in solche Werte.

Wenn der Leitzins niedrig ist, sinken auch die Renditen von festverzinslichen Anlagen und Bankguthaben. Der Investor will seine Prämie verdienen. Also sucht er andere Möglichkeiten, diese zu erhalten. In diesen Phasen wird vermehrt auf dem Aktienmarkt investiert. Damit steigen die Preise für sehr gute Aktien mit hohen Dividendenrenditen. Sobald es keine guten Kurse mehr für diese Aktien gibt, werden immer mehr spekulative Aktien gekauft. Somit steigen auch deren Aktienkurse.

Wenn ein Punkt erreicht wird, an dem mit weniger guten Aktien hohe Gewinne gemacht werden, dann können die etablierten Unternehmen nicht mit dem Hunger nach Rendite der Anleger mithalten. Die Kurse der etablierten Aktien steigen nicht im gleichen Maße wie die der anderen Aktien. Die Anleger meiden dann diese „Dividenden-Aristokraten" und spekulieren zunehmend.

Risiko minimieren und Chancen erhöhen

„Durch Streuung lässt sich ein Vermögen vielleicht erhalten, doch erschaffen kann man es nur durch Konzentrierung." – *Warren Buffet*

Immer wieder werde ich auf die Risikostreuung angesprochen. Und meine Antwort ist immer die gleiche: Ich gehe mit meinem verfügbaren Kapital in meine Strategie. Das bedeutet, ich investiere soviel wie möglich in meine Wertpapier-Kandidaten. Nur bei den 10 %-Risikokandidaten investiere ich entsprechend nur bis zu 10 %.

Möglichkeit, wenn Sie nicht alles nach der Dividenden-Hebel-Strategie investieren wollen

Wenn Sie nun aber schon älter sind und das Risiko fürchten, Ihr Erspartes zu verlieren, dann können Sie eine Risikostreuung vornehmen.

Anstatt das gesamte Kapital in nur ein Produkt zu investieren, können Sie das Risiko auf verschiedene Produkte verteilen. Verteilen Sie Ihr Kapital in drei verschiedene Risikoklassen.

Investieren Sie in die klassischen Anlageprodukte (Staatsanleihen, Schatzbriefe und andere) und nach der Dividenden-Hebel-Strategie.

Ein Teil des Geldes wird in sehr sichere Anlagen investiert, ein anderer Teil in eine Risikoklasse mit mittlerem Risiko und ein kleiner Teil könnte in eine Risikoklasse mit deutlich höherem Risiko investiert werden.

Das Kapital auf verschiedene Risikoklassen aufteilen

Ein mögliche Aufteilung Ihres Kapitals könnte wie folgt aussehen. Sie investieren zu 40 % in die Risikoklasse A+, weitere 40 % in die Risikoklasse B+ und 20 % in die Risikoklasse C+. Sie können auch die 20 % in 2 Teile aufbrechen. Ein Teil (10 %) könnte in der Risikoklasse E spekuliert werden und der andere Teil (10 %) in etwas weniger spekulative Finanzprodukte.

Beispiel mit 1.000 Euro

Anteil	Betrag €	Investmentvehikel
40 %	400	Festgeld, Staatsanleihen
40 %	400	Aktienfonds
20 %	200	Aktien, Optionen
	1.000	

Einige Anlagemöglichkeiten haben ein Gewinnlimit

Der Nachteil einiger Investmentvehikel liegt in der Begrenzung der maximalen Rendite, die Sie erhalten können. Festgeld und Staatsanleihen gelten als sehr sicher. Die Rendite ist im Voraus bekannt und wird nicht während der Laufzeit an den Markt angepasst. Damit machen diese Anlagen auch keinen Sprung nach vorne, wenn der Markt selbst steigt. Umgekehrt fällt die Rendite aber auch nicht, wenn der Markt fällt.

Einige Anlagemöglichkeiten bieten theoretisch offene Gewinnmöglichkeiten

Aktienfonds folgen zwar dem Markt und bieten damit theoretisch unendliche Gewinne. Doch die Gewinne unterliegen, bedingt durch die Streuung der Investitionen, einer oberen Gewinngrenze. In der Regel werden gute Gewinne durch weniger gut entwickelte Aktien kompensiert. Dies ist aber auch zugleich die Stärke von Aktienfonds, die Sicherheit der Investition ist somit höher. Die Streuung hilft in der Regel, die Renditen relativ stabil zu halten. Vor allem wenn die Aktienfonds einem System folgen. Allerdings wird bei einem Börsencrash der ganze Markt heruntergezogen und damit auch der Aktienfonds selbst.

Ein Aktienfonds kauft auch, wenn die Kurse zu teurer sind. Der gute Schnitt der Renditen liegt in der Mischung. Der Anleger kauft stetig weitere Fondsanteile und bringt damit neues Kapital ein. Für dieses neue Kapital erhält der Aktienfonds, je nach Stand der Aktienkurse, mal mehr und mal weniger Anteile einer Aktiengesellschaft.

Das Risiko steigt mit den Gewinnmöglichkeiten

Die Risikokandidaten bieten natürlich die höchsten Chancen. Eine Aktie kann gut 20 % und mehr im Jahr zulegen. Aktien können aber auch schnell mal 50 % und mehr in einem Jahr verlieren.

Damit Sie nicht blind irgendwelche Aktien kaufen, benötigen Sie für eine Investition in Aktien in der Regel mehr Informationen. Sie sollten auch wissen, wie es um das Unternehmen aktuell steht und welche Pläne für die Zukunft getroffen wurden. So erleben Sie weniger böse Überraschungen mit Ihrem Investment.

Optionen auf Aktien, könnten Sie alles kosten

„Derivate sind finanzielle Massenvernichtungswaffen." – *Warren Buffet*

Optionen und Optionsscheine gehören zu den Derivaten. Bei Optionen und Optionsscheine sind 100 % Gewinn und mehr möglich. Diese hohen Gewinnmöglichkeiten sind mit einem enormen Risiko verbunden. Sie können alles verlieren. Unter Umständen können Sie sogar noch mehr verlieren, als Sie eingesetzt haben.

Darum sollten Derivate nur von Personen gehandelt werden, welche sich mit diesem Thema und der Systematik dahinter, gründlich auseinander gesetzt haben. Und selbst dann, sollten Sie immer einem System folgen und mit sehr niedrigem Kapitaleinsatz pro Option einsteigen.

Gewinnmöglichkeiten beim Streuen des Risikos

Welche Gewinne mit einer Streuung des Kapitals möglich sind, soll folgende Tabelle veranschaulichen. Dabei gehe ich vom unteren Ende der möglichen Gewinne aus. Natürlich sind nicht immer alle Investments erfolgreich. Obwohl hier nur die unteren Werte für mögliche Renditen verwendet wurden, ist zu erkennen, dass eine Streuung des Risikos, auch eine gute Durchschnittsrendite einbringen kann. Doch ein Wachstum des eigenen Kapitals wird nur sehr langsam erreicht.

Beispiel für mögliche Gewinne

Einsatz €	Rendite €	Gewinn €	Total €	Gesamt-rendite
400	2 %	8	408	
400	7 %	32	432	
200	15 %	30	230	
		70	**1.070**	**7 %**

Das beste Ergebnis bringt ein Investment, dass so stark ist, wie ein Finanzprodukt aus der Risikoklasse A+ und welches Ihnen dennoch eine Möglichkeit auf die Gewinne der Risikoklasse C+ bietet.

Im Grunde genommen ist es eine Spekulation mit dem Risiko eines Investments. Wie dies erreicht werden kann, erklärt Ihnen die Dividenden-Hebel-Strategie.

Aktien werden oft leichtsinnig gekauft

Viele Menschen kaufen Aktien mit mehr als 1.000 Euro. Manchmal legen die gleichen Personen mehr in Aktien an, als sie für einen gebrauchten Kleinwagen bezahlen würden.

Allerdings wird beim Autokauf das Auto genau inspiziert. Die Anzahl der Vorbesitzer, der Kilometerstand, TÜV und eventuell ein kurzer Test in der Werkstatt.

Doch bei Aktien machen viele keine Tests oder ähnliche Untersuchungen wie beim Kauf eines Autos. Einige investieren mal eben so, die Summe von 5.000 Euro in Aktien nur aufgrund eines Bauchgefühls. Wenn dann der Kurs fällt, ist die Verwunderung groß.

Prüfen Sie die Investition vorab

Wenn Sie investieren wollen, dann müssen Sie die Investition prüfen. Stellen Sie sich vor, jemand bietet Ihnen einen Kiosk zum Kauf an. Was würden Sie die Person wohl fragen?

Sie würden vermutlich fragen, wie hoch die Umsätze der letzten paar Jahre waren. Damit könnten Sie erkennen, ob der Kiosk rückläufige Einnahmen macht oder wächst. Mit Sicherheit fragen Sie auch nach den laufenden Kosten und den Schulden, die beglichen werden müssen. Mit diesen Zahlen können Sie schon einen Gewinn für den Kiosk ermitteln.

Sie sollten den Gewinn ermitteln

Wenn Sie den Gewinn kennen, können Sie auch ausrechnen, was Sie bereit sind zu bezahlen. Denn Sie erhoffen sich ja durch Ihre Investition eine ewige, hoffentlich auch steigende Rente.

Der Gewinn gehört den Besitzern. Diese entscheiden über die Verwendung. Wenn es mehrere Besitzer gibt, könnte eine Abstimmung über die Verwendung der Gewinne entscheiden. Aber als Investor sollten Sie an den Gewinnen, die ausgeschüttet werden, interessiert sein, da diese Ihre Rendite darstellen.

Wie hoch sollte der Kaufpreis sein?

Nehmen wir an, Sie hätten sich erkundigt und Ihre Bank gibt Ihnen 1 % auf eine relative sichere Anlage. Bundesschatzbriefe bringen 2015 circa 0,7–1 % in den ersten Jahren, dann steigen die Renditen auf 1,7 % innerhalb der folgenden 6 Jahre. Dafür sind diese aber sicher. Sie gehen kein Risiko ein.

Die Inflationsrate ist angeblich ungefähr bei 0,2 % (2016). Wir alle spüren und sehen jedoch die extremen Preisanpassungen im öffentlichen Bereich wie Post und Transportwesen. Aber bleiben wir bei der 0,2 %-Inflation. Dann müssen Sie noch circa 30 % von den Zinseinkünften an den Staat abgeben. Wenn Sie nun eine Rendite von 1,7 % erhalten, haben Sie gerade mal die Inflationsrate bekämpft. Ihr Kapital hat seine Kaufkraft erhalten, aber nicht ausgebaut.

Unzufrieden mit diesem Ergebnis durchforsten Sie also Dividendenrenditen im DAX und entdecken, dass einige Unternehmen zum aktuellen Aktienkurs zwischen 1,0 % und 4,0 % Rendite bieten. Damit sind Sie schon eher zufrieden.

Sie filtern alle Kandidaten heraus, die nicht mehr bieten als die sicheren Anlagenmöglichkeiten. Warum sollten Sie ein Risiko mit Aktien eingehen, wenn Sie mit sicheren Anlagen die gleiche Rendite erhalten können?

Vom Gewinn auf den Kaufpreis schließen

Wenn Sie nun für sich denken: *Wäre doch toll, wenn ich für mein Geld 10 % Rendite erzielen könnte.* Dann sind Sie bereit, Ihr Geld zu investieren. Rechnen Sie also rückwärts. Wenn Sie 10 % erhalten wollen, dann teilen Sie den Gewinn durch die 10 %. Das ist der Betrag, den diese Investition für Sie wert ist, der Ihnen also eine 10-%-Rendite einbringt.

Beispiel mit 1 Euro Gewinn

$$\frac{1\,Euro}{10\,\%} = \frac{1}{10} \times 100 = 10\,Euro$$

Bleiben wir bei dem Beispiel mit dem Kiosk. Für Sie als angehenden Besitzer eines Kiosks bedeutet dies, dass Sie den Gewinn durch die 10 % teilen müssen. Nehmen wir an, der Kiosk hat im letzten Jahr 1.000 Euro Gewinn erwirtschaftet. Ein Blick in die Bücher zeigt, dass der Kiosk jedes Jahr seinen Gewinn steigern konnte.

Sie erkennen, dass die Gewinnsteigerung in der Regel der Inflation entspricht. Damit scheint der Kiosk eine stabile Anlage zu sein. Denn der Ausgleich zur Inflation wird verdient.

Sie teilen also 1.000 Euro durch 10 % und multiplizieren mal 100 und erhalten den Grundwert. Mit der Prozentrechnung ermitteln Sie somit, dass Sie bereit wären, 10.000 Euro für den Kiosk auszugeben, um jährlich eine Rendite von 10 % für Ihr Kapital zu erhalten.

Wenn Sie den Kiosk nur zu 50 % kaufen, dann würden Sie entsprechend auch nur 5.000 Euro investieren und auch nur 500 Euro als Gewinn erhalten.

Umkehrschluss auf Aktien

Sie haben nun gesehen, wie Sie bei einem normalen Geschäft vorgehen könnten. Sie können dieses Verfahren auch bei Aktien anwenden. Denn Aktien stellen eine Beteiligung an einem Unternehmen dar.

Bei Aktien nehmen Sie die Dividende vom letzten Jahr und den aktuellen Kurs. Die Dividende ist die Gewinnausschüttung pro Aktie. Sie können also schnell die Dividendenrendite für den aktuellen Kurs berechnen. Dadurch sind Sie in der Lage zu ermitteln, wie viel Sie beim aktuellen Kurs als Rendite erhalten.

Von der Rendite zum Einstiegskurs

Drehen Sie das System um. Legen Sie fest, wo der Kurs stehen darf, bevor Sie die Aktie kaufen. Wenn Sie also die Dividende durch Ihre Wunschrendite teilen, erhalten Sie einen entsprechenden Einstiegskurs, zu dem Sie bereit sind, sich am Unternehmen zu beteiligen.

Bei einer 5-%-Wunschrendite und einer aktuellen Dividende von 1 Euro dürfte die Aktie nicht mehr als 20 Euro kosten. Damit wären Ihre Erwartungen an die Rendite erfüllt.

$$\frac{1\ Euro}{5\%} = \frac{1}{5} \times 100 = 20\ Euro$$

Mit jedem Euro, den der Aktienkurs nun steigt, sinkt die Rendite für neue Einsteiger. Wenn Sie schon eingestiegen sind, bleibt Ihre Rendite natürlich gleich. Darum spielt es eigentlich auch keine Rolle, wenn der Aktienkurs kurzfristig sinkt. Solange die Dividende an sich unverändert bleibt, erhalten Sie Ihre geforderte Rendite.

Kursbewegungen von Aktien

„Es ist ein Fehler, dem täglichen Auf und Ab eines Kurses Beachtung zu schenken – es ist bedeutungslos." – *Warren Buffet*

In der Regel steigen die Kurse von Aktien mit der Attraktivität der Unternehmen. Macht ein Unternehmen mehr Gewinn als im Vorjahr, ist die Dividende in der Regel auch höher als im Vorjahr.

Was sind Aktien?

Die Aktie ist ein Wertpapier, das den Anteil an einem Unternehmen verbrieft. Börsennotierte Aktien können an der Börse gekauft und wieder verkauft werden. Es gibt verschiedene Arten von Aktien. So bieten Vorzugsaktien den Vorteil einer bevorzugten Gewinnbeteiligung. Dafür erhält der Investor keine Mitbestimmungsrechte. Das Gegenstück ist die Stammaktie. Der Inhaber ist Mitbesitzer einer Aktiengesellschaft und erhält Stimmrecht bei den Abstimmungen in der Hauptversammlung.

Zusätzlich gibt es noch exotische Varianten, wie außerbörslich gehandelte und vinkulierte Aktien und noch ein paar andere, doch diese spielen in diesem Buch keine Rolle. Halten Sie sich an frei verfügbare Aktien, die man Sie innerhalb kürzester Zeit an der Börse handeln kann.

Der Handel mit Aktien wird für Sie durch einen Aktienbroker abgewickelt. Sie benötigen lediglich ein Aktienportfolio bei einem der vielen Broker. Dorthin überweisen Sie Ihr Investmentkapital und können dann Aktien kaufen. Diese landen dann in Ihrem Portfolio.

Was sind Dividenden?

Die Gewinne einer Aktiengesellschaft können, ganz oder teilweise, an die Aktionäre ausgezahlt werden. Das ist die Dividende. Die Höhe der Dividende wird in der Hauptversammlung bestimmt.

Die Führung des Unternehmens gibt eine Höhe für die Dividende vor und die Versammlung stimmt darüber ab. Die Aktionäre können auch einen Gegenvorschlag zur Abstimmung einbringen.

Nicht alle Gewinne werden ausgeschüttet. Ein Teil wird in der Firma belassen, um damit weiteres Wachstum, anstehende Investitionen und die weitere Forschung und Entwicklung zu ermöglichen. Eine Quote der Dividende an den Gewinnen sollte nicht zu gering und nicht zu hoch sein.

Wenn zu wenig Gewinn ausgeschüttet wird, behält das Management zu viel vom Gewinn im Unternehmen und dann gilt es genau zu prüfen, was mit dem Geld wirklich gemacht wird. Sie prüfen, ob der Wert des Unternehmens angemessen steigt oder ob Sie nicht mehr aus dem einbehaltenen Geld hätten machen können.

Wenn zu viel Gewinn ausgeschüttet wird, dann besteht die Gefahr, dass das Unternehmen nicht angemessen in weitere Forschung und Entwicklung investieren kann. Dadurch läuft es Gefahr, später von Konkurrenten überholt zu werden.

Eine Gewinnausschüttungsquote von 30–60 % sollte in Ordnung sein.

Als Daumenregel könnte man sagen:

- Eine komplette Gewinnausschüttung höhlt das Unternehmen langsam aus, da es nur von der Substanz lebt. In der Regel passiert dies, wenn das Unternehmen langsam die Pforten schließt. Die Dividende ist die Form, wie der Anleger dann sein Geld erhält.

- Wenn die Gewinnauszahlungsquote (Dividende geteilt durch den Gewinn pro Aktie) deutlich unter 30 % liegt, dann benötigt das Unternehmen zu viel von den Gewinnen. Es ist damit eigentlich noch eine Wachstumsaktie und fällt eher in den Bereich Spekulation. Böse Schlussfolgerung: Das Management ist unfähig.

Die Dividenden werden periodisch ausgeschüttet. Dabei wählt die Aktiengesellschaft, wie oft und wann die Auszahlungen erfolgen. Typische Intervalle für Auszahlungen sind quartalsweise und jährlich. *Coca Cola* hat zum Beispiel 3 Auszahlungen. Sie lassen das erste Quartal weg und zahlen im letzten Quartal eine circa doppelte so hohe Dividende.

Wenn wir im weiteren von einer Dividende reden, meine ich damit die addierten Dividenden-Auszahlungen für das gesamte Jahr. Wenn das Jahr noch nicht zu Ende ist, können Sie eine Hochrechnung mit den gezahlten Dividenden machen.

Meistens wird die Dividende in Geld ausgezahlt. Es gibt aber auch die Variante, in der Aktien als Dividenden ausgegeben werden. Das erfolgt sehr selten und oft nur, wenn das Management die Gewinne komplett reinvestieren möchte und dennoch eine Dividende zahlen möchte.

Etablierte Unternehmen zahlen eine Bargelddividende und verfügen über eine Dividendenpolitik. Die Dividendenpolitik bestimmt, wie hoch der Anteil der Dividenden am Gewinn ist. Alles andere als eine Bargelddividende ist immer sehr fragwürdig.

Wachstumsaktien

Aktien, die keine Bargelddividenden ausschütten, nutzen den Gewinn, um das Unternehmen weiter wachsen zu lassen. Das ist an sich eine gute Sache, wenn dadurch auch tatsächlich ein Mehrwert geschaffen wird. Also mehr Wert für den Anleger erzeugt wird, als der einbehaltene Gewinnanteil (Dividende) wert ist.

Diese Unternehmen sollten mit den einbehaltenen Dividenden ein überdurchschnittliches Wachstum an Gewinn und Umsatz einbringen. Denn sonst ist das Einbehalten der Dividende eher eine Enteignung als ein Vorteil.

Viele Anleger können mit dem Bargeld mehr Rendite erzielen, als die meisten Unternehmen mit der einbehaltenen Dividende. Das ist auch Ihr Ansatz.

Wenn Sie mehr als 10 % mit der nicht gezahlten Dividende erwirtschaften können, dann sollte das Unternehmen mindestens ebenso eine Steigerung von 10 % mit dem einbehaltenen Betrag erreichen!

Wenn die Wachstumsaktien steigen, dann erwarten die Anleger ebenso einen deutlichen und hohen Anstieg der Kurse. Wachstumsaktien sind oft Unternehmen, die mit neuen Technologien und Produkten auf den Markt kommen. Der Markt und die Marke werden aufgebaut und dies kostet entsprechend Geld für Marketing und Entwicklung.

Hier treibt die positive Erwartung auf die zukünftige Entwicklung des Unternehmens den Aktienkurs an. Sollte das Unternehmen diesen Erwartungen nicht gerecht werden, können diese Unternehmen sehr schnell an Wert verlieren.

In der Regel wird eine Investition in das Wachstum auch im Aktienkurs zu sehen sein. Durch einen Verkauf der Aktie realisieren Sie diesen Mehrwert. Spekuliert man auf steigende Kurse, sind Wachstumsaktien bestimmt keine schlechte Wahl. Doch die Börse schwankt nicht nur nach oben, sondern auch nach unten. Der Mehrwert kann also nicht zu jeder Zeit realisiert werden. Gleichzeitig bieten Wachstumsaktien kein Einkommen. Dieses steckt ja in dem Kurs. Möchte man vom Einkommen der Aktien leben, muss man Aktien verkaufen. Unter Umständen gerade dann, wenn der Kurs ungünstig steht.

Dividendenaktien

Bei Dividendenaktien sieht das anders aus. Diese liefern die Dividende als Einkommen und zwar **unabhängig** vom aktuellen Aktienkurs. Wenn der Aktienkurs sehr niedrig ist, bietet dies sogar eine gute Gelegenheit, weitere Aktien zu kaufen. Das ist genau der Trick, warum man mit Dividendenaktien auf lange Sicht besser dasteht.

Sollten die Kurse über eine längere Zeit tiefer stehen, zum Beispiel nach einem Crash, dann haben die Dividendenaktien einen klaren Vorteil. Sie erhalten Ihre Dividenden und können damit sogar günstig Aktien nachkaufen.

Damit steigt die Anzahl Ihrer Aktien und Sie erhalten mehr Dividende. Mit den ausgeschütteten Dividenden kaufen Sie dann weitere Aktien. Dieses Investment steigert erneut Ihr Einkommen. Und so weiter ...

Der Besitzer der Wachstumsaktien muss ausharren, bis der Kurs sich wieder erholt hat. Sie können auch mit Verlust verkaufen, sofern Sie das Geld für ein anderes Investment benötigen. Gerade die Abhängigkeit vom Aktienkurs macht Wachstumsaktien so nervenaufreibend. Dividendenaktien liefern immer eine Rendite.

Höhere Dividenden führen zu höheren Kursen

Um die Rendite für eine Aktie zu berechnen, teilen Sie die Dividende durch den Aktienkurs. Ist die Rendite höher als von Ihnen gefordert, könnten Sie nun solange Aktien dieses Unternehmens kaufen, bis die Rendite Ihrer anfänglichen Erwartung entspricht.

Sollten die Gewinne steigen, so werden die Dividendenauszahlungen in der Regel ebenfalls angehoben. Damit ist der aktuelle Kurs im Verhältnis zur Dividende oft sehr günstig und immer mehr Anleger investieren in die Aktie. Das wiederum erhöht den Aktienkurs.

Im Grunde genommen ist der Kurs durch die Dividende also *auch* durch die Rendite definiert.

Die Nachfrage bestimmt den Preis

Ganz einfach formuliert kann man sagen, dass der Aktienkurs durch Käufe der entsprechenden Aktie steigt und durch Verkäufe sinkt.

Die Dividende bleibt in der Regel für das Jahr stabil. Damit sinkt die Rendite mit jedem weiteren Kauf der Aktien, da der Aktienkurs steigt. Investoren kaufen solange, bis die Rendite unter deren geforderte Rendite sinkt.

Das ist dann der maximale Kaufpreis. Ab diesem Kurs kaufen die meisten Investoren diese Aktie nicht mehr. Wenn mehr Anleger Aktien kaufen möchten als verkauft werden, steigt der Preis schnell.

Spekulanten

Spekulanten hoffen auf immer weiter steigende Kurse. Wenn Spekulanten steigende Gewinne für möglich halten, sind diese bereit, auch mehr als einen aktuell vernünftigen Preis zu bezahlen. In diesem Verhalten steckt die Hoffnung auf noch höhere Gewinne, als in der Zukunft erwartet. Die höheren Gewinne sollten auch höhere Aktienkurse erzeugen. Mit der Veröffentlichung der nächsten Geschäftsberichte bewegen sich die Kurse dann auch meist stärker als sonst.

So kann es passieren, dass obwohl ein Unternehmen gute Zahlen veröffentlicht, der Aktienkurs trotzdem sinkt. Im Aktienkurs steckt normalerweise eine Erwartung an die zukünftigen Gewinne. Die Spekulanten spekulieren darauf, dass der Gewinn noch höher ausfällt als erwartet. Dann würde die Aktie im Wert steigen. Wenn nun die Gewinne der Unternehmens steigen, aber weniger als vom Spekulanten erhofft, dann verkaufen die Spekulanten Ihre Aktien und der Aktienkurs sinkt wieder.

Schnelle Bewegungen mit Ruhepausen

In der Regel bewegen sich Aktienkurse schnell. Diese schnellen Kursbewegungen erfolgen meist nach der Veröffentlichung einer Meldung über ein Unternehmen oder einer Branche.

Entsprechend der Meldung kaufen oder verkaufen viele Anleger. Das wirkt sich auf den Kurs aus.

Nachdem die meisten Transaktionen getan sind, pendelt sich die Aktie langsam wieder ein. Oft fällt der Kurs wieder etwas. Der Kurs gleitet langsam auf ein Plateau, auf dem der Aktienkurs eine Weile stabil verweilt. Das nennt man die Seitwärtsbewegung, da der Kurs mit kleinen Abweichungen stabil bleibt und die Fortführung der Aktienkurskurve eher seitlich verläuft als nach oben oder nach unten.

Warum sinkt der Aktienkurs auf das Plateau zurück? Die Kurskorrekturen werden durch Aktienkäufe ausgelöst. Einige Käufer kaufen nur wegen der Meldung. Sobald die Kurssteigerung schwächer wird, verkaufen diese Käufer in der Regel wieder, um den Gewinn zu realisieren. Durch diese Gewinnmitnahmen sinkt der Kurs leicht auf das Plateau zurück.

So entsteht eine Kurskorrektur

In Boom-Phasen kaufen immer mehr Menschen Aktien. Oft steigen dann auch Leute ein, die vorher keine Erfahrung mit Aktien gesammelt haben. Angelockt durch die Meldungen über hohe Gewinnen an der Börse versuchen diese Leute nun auch Ihr Glück. Doch die Gewinne sind schon gemacht worden. Diese unerfahrenen Anleger kaufen zu weit überhöhten Kursen und versuchen, diese dann nach einem Kursgewinn wieder zu verkaufen.

Gibt es aber keine weiteren Käufer zu diesen spekulativen Kursen, können Verkäufe sehr schnell Kursstürze auslösen:

Es ist niemand da, der noch kaufen will, also senkt der Verkäufer seinen Preis, in der Hoffnung einen Käufer zu finden.

In dieser Phase könnte ein Spekulant seine Aktien verkaufen wollen. Alle anderen Spekulanten haben aber schon welche. Investoren kaufen bei so hohen Kursen nicht. Damit sind keine weiteren Käufer verfügbar. Niemand kauft die angebotenen Aktien und die Verkäufer werden nervös.

Verkaufsdruck wirkt auf die Preise

Sobald der Verkäufer nervös wird, senkt er seine Preisforderung. Jetzt geht es nur noch darum auszusteigen. Doch weiterhin sind keine Interessenten verfügbar. Die Panik macht sich breit. Aktienverkäufe finden zu einem deutlich tieferen Kurs als geplant statt.

Der Kurs wird soweit nach unten angepasst, bis endlich jemand kauft. Diese Aktienkäufe stammen oft von Personen, die glauben, den Zug verpasst zu haben und nun eine Chance zum Aufspringen sehen. Auch automatische Käufe durch platzierte Kaufsignale können ausgelöst werden. Ein erstes kurzes Kurs-Plateau bildet sich.

Signalwirkung durch schnell sinkende Aktienkurse

Dieser tiefe Aktienkurs wird am nächsten Tag veröffentlicht und löst Fragen bei anderen Anlegern aus. Unsicherheit über die gehaltenen Aktien macht sich breit. Manche Anleger bevorzugen nun einen sofortigen Verkauf, um so vorhandene Gewinne zu retten. Die nächsten Verkäufe werden initiiert.

Schnell merken dann alle, dass es mehr Verkäufer als Käufer gibt. Potenzielle Käufer stoppen in der Regel ihre Käufe und beobachten was passiert. Das Abwarten der Käufer führt zu weiteren Kurseinbrüchen.

Verkaufslawinen werden ausgelöst

Immer mehr Anleger bekommen wegen den sinkenden Kursen Angst und wollen Ihr Geld retten. Immer mehr Verkäufe werden platziert. Die potenziellen Käufer werden angesichts der Menge an Verkäufen weiter verunsichert und warten weiter ab. Die Panik und der Börsencrash sind da.

Manchmal ist die Panik so groß, dass ohne Sinn und Verstand verkauft wird. Das ist die große Chance, Aktien die sogar unter ihrem tatsächlichen Wert gehandelt werden, zu erhalten.

Die große Stunde für Investoren ist gekommen. Am Unternehmen selbst hat sich ja nichts geändert. Die Dividende und der Gewinn sind gleich geblieben. Die Rendite hat sich aber für den Anleger deutlich verbessert. Bei sehr großen Finanzproblemen ist ein Gewinnrückgang der Unternehmen nicht auszuschließen. Darum ist es auch wichtig, dass Sie nur Aktien von etablierten Unternehmen mit einer langen Dividendenhistorie kaufen.

Wann haben Sie Ihre Investition zurück?

Interessant ist es noch zu erfahren, ab welchem Jahr Sie Ihre Investition nun zurückerhalten. Ab dann können Sie einen Gewinn jedes Jahr einstreichen.

Hier hilft die 72-Daumenregel, die davon ausgeht, dass die Gewinne wieder investiert werden. Teilen Sie die Zinsen durch 72 und Sie erhalten dann die ungefähren Jahre, bis wann Sie Ihre Investition wieder zurückverdient haben.

Wenn Sie wissen wollen, wie hoch die Zinsen sein müssen, bis Sie Ihr Investment zurückerhalten, dann teilen Sie die Jahre durch die 72.

Rechnen Sie vor und zurück mit der 72

Bei 10 % benötigen Sie also ungefähr 7 Jahre, um Ihr Geld zu verdoppeln. Für eine Verdoppelung in 10 Jahren sollten Sie eine ungefähre Rendite von 7,2 % jährlich erzielen.

Mit 7 Jahren ist natürlich die reine Laufzeit der Anlage gemeint. Das bedeutet, im ersten Jahr erhalten Sie nichts, da investieren Sie. Im siebenten Jahr nach der Investition erreichen Sie dann die Verdopplung, also eigentlich im achten Jahr. Dann haben Sie Ihr investiertes Kapital wieder und das Investmentobjekt dazu.

Beispiel mit 10 % auf 8 Jahre

Jahr	Betrag €	Zinsen	Gewinn €
0	1.000,00	10 %	100,00
1	1.000,00	10 %	110,00
2	1.210,00	10 %	121,00
3	1.331,00	10 %	133,10
4	1.464,10	10 %	146,41
5	1.640,51	10 %	161,05
6	1.771,56	10 %	177,16
7	**1.948,72**	**10 %**	**194,87**
8	2.143,59	10 %	214,36

Wann haben Sie Ihr Geld wieder, wenn der Aktienkurs gefallen ist?

Es kann immer passieren, dass der Aktienkurs fällt. Die Frage ist, bei welchem Aktientyp haben Sie die besseren Karten, Ihr Geld zurückzuerhalten?

Nehmen wir einen fiktiven Fall, bei dem der Aktienkurs nach dem Kauf von 20 Euro auf 15 Euro gefallen ist.

Wachstumsaktien

Wachstumsaktien reinvestieren den Gewinn in die Firma. Es werden keine Gewinne ausgeschüttet. Damit hat der Investor keine Dividende.

Einen „echten" Verlust haben Sie erst, wenn Sie verkaufen und den Verlust realisieren. Wenn Sie die Aktie halten, könnte sich der Kurs eventuell wieder erholen. Doch ohne die Zahlen und Fakten des Unternehmens eingehend studiert zu haben, ist das reine Spekulation.

Dividendenaktien

Dividenden werden in der Regel von Unternehmen gezahlt, die bereits etablierte Geschäftsmodelle haben und die Forschung und Entwicklung wird als laufender Posten finanziert. Somit bleiben Gewinne übrig und diese werden zum Teil ausgeschüttet.

Wenn der Kurs von 20 Euro auf 15 Euro gefallen ist, aber wir annehmen, dass die Dividendenzahlung von 1 Euro beibehalten wird, dann bekommen Sie jährlich Einnahmen. Diese Einnahmen können von Ihrem Kaufpreis abgezogen werden.

Damit haben Dividendeninvestoren einen großen Vorteil. Nach 5 Jahren könnten Sie dann die Aktie verkaufen, selbst wenn der Kurs sich nicht erholt hat. Wenn Sie die Dividende erneut investieren, kommt es sogar noch besser. Damit profitieren Sie von den tieferen Kursen und gelangen noch schneller wieder in die Gewinnzone. Ein ganz klarer Vorteil für die Dividendenaktien.

Schwankungsbereich einer Aktie

Der Kurs einer etablierten Aktie schwankt in der Regel innerhalb eines bestimmten Bereichs. Dieser Bereich wird durch die Dividendenrendite bestimmt.

Der Wert der Aktie bewegt sich in einem Korridor. Etablierte Aktien machen das schon jahrelang so. Je länger desto besser. Nutzen Sie diesen Bereich der Kursschwankungen als Kursspanne. Berechnen Sie die Kursspanne, indem Sie nur die vergangenen Jahre berücksichtigen und keine Prognosen weit in die Zukunft wagen.

Neue Unternehmen können extremen Schwankungen unterliegen

Aktien von kleinen Unternehmen sowie Unternehmen, die noch nicht an der Börse etabliert sind, können enormen Schwankungen unterliegen. Aktien, die weniger als 10 Jahre auf dem Markt sind, haben noch keine richtigen Krisen bewältigt. Das Kursverhalten von solchen Aktien ist kaum vorhersagbar.

Wenn keine Dividende gezahlt wird, können Sie auch keinen Renditekorridor ermitteln. Damit ist es nicht möglich, eine Kursspanne zu berechnen, mit der Sie handeln können.

Es gibt aber genügend andere Aktien, bei denen dies möglich ist. Darum sollten Sie auch kein Risiko eingehen und sich nur auf etablierte Unternehmen konzentrieren. Legen Sie sich keine unbewährten Aktien ins Portfolio. Der Kurs kann bei diesen Aktien weit unter den realen Wert des Unternehmens fallen. Manchmal erholen sich diese Werte oft jahrelang nicht mehr von dem Kurssturz.

Etablierte Aktien schwanken stabiler

Die Kurse von etablierten Aktien sind in der Regel stabil. Selbst wenn es mal nicht so gut läuft, bewegt sich ein Kurs in einer Spanne. Diese Spanne ist die Differenz zwischen dem tiefsten und höchsten Kurs eines Jahres.

Wie Sie später sehen werden, wird diese Spanne durch die Dividendenrendite der Aktie beeinflusst. Jede Aktie hat Ihre ganz eigene Spanne, in der sie schwankt.

Etablierte Aktien schützen schlecht informierte Aktionäre vor einem Kurssturz

Viele Aktionäre kaufen Aktien, ohne vorher eine Analyse des Unternehmens gemacht zu haben. Stattdessen verlassen sie sich auf ihr Bauchgefühl und folgen auch gerne der Masse. Dabei spielt für diese Anleger oft das Ansehen des Unternehmens eine weit höhere Rolle, als die tatsächlich erzielten Ergebnisse.

Dieses Verhalten kann bei etablierten Aktien eine schützende Wirkung haben. Schon bei geringen Kursrückgängen sehen solche Aktionäre eine Chance zum Einsteigen. Sie vertrauen dem Unternehmen, kennen aber die Zahlen und Daten des Unternehmens nicht. Viele Anleger vergleichen auch gerne Unternehmen und ziehen falsche analoge Schlüsse. So kann es sein, dass Aktien überbewertet werden. Durch dieses Vorgehen fehlt die Grundlage für eine realistische Einschätzung des Aktienwertes.

Diese Anleger zahlen also zu viel. Das hilft Ihnen ein wenig, denn damit wird der Kurs leicht über dem wahren Wert gehalten. Der höhere Kurs bietet Ihnen also ein Sicherheitspolster.

Attraktive Renditen fördern den Aktienkurs

Sehr große Aktienfonds und Versicherungsgesellschaften mit enorm viel Kapital müssen dieses Kapital anlegen. Ihr Ziel ist es, das eingesetzte Kapital zu vermehren. Diese Institute kaufen sehr gute Aktien ab einem attraktiven Preis.

Der Kurs steigt durch die großen Kaufvolumina langsam an. Diese institutionellen Anleger kaufen, solange die Rendite in Ordnung ist. Je mehr Kapital vorhanden ist, desto schwieriger wird es für die institutionellen Anleger, zu investieren. Es gibt nicht genügend Aktien zu attraktiven Kursen.

Große Anleger treiben die Aktienkurse von Aktien mit guten Renditen

Die großen Anleger bewegen den Markt. Wenn sehr viel Kapital verfügbar ist, sind die sehr guten Wertpapiere schnell vergriffen. Doch oft ist immer noch Kapital vorhanden, selbst nachdem in die guten Wertpapiere bereits investiert wurde.

Bevor das Geld brach liegt und durch die Inflation entwertet wird, kaufen große Investoren nun die *weniger guten* Aktien mit Renditen über dem Kapitalmarktangebot. Diese Anleger kaufen solange, bis die Renditen zu nahe an die marktüblichen Renditen mit niedrigerem Risiko gelangen. Im Anschluss daran werden auch gute Wachstumsaktien erworben.

Die Dividendenausschüttung hat Einfluss auf den Aktienkurs

Die Aktienkurse ziehen in der Regel an, wenn der Termin der Dividendenausschüttung naht. Die Dividende wird zusätzlich in den Kurs hinein projiziert. Das merken kleine Anleger sofort nach der Ausschüttung.

Direkt nach der Ausschüttung der Dividende stürzt der Kurs oft um den Dividendenbetrag. Da die Dividende ausgezahlt wurde, ist das Unternehmen theoretisch auch um diesen Betrag ärmer, also im Marktwert gesunken.

Amerikanische Unternehmen verteilen die Dividende oft auf 4 Termine im Jahr. Damit unterliegen deren Aktienkurse auch geringeren Schwankungen.

Verschiedene Aktien unterliegen verschiedenen Renditeanforderungen

Interessant ist zu sehen, dass gerade bei etablierten Aktien mit einer langen Dividendenhistorie die Kursspanne mehr oder weniger konstant bleibt.

Wenn Sie die Dividendenrenditen solcher Unternehmen über die Jahre hinweg prüfen, dann werden Sie ähnliche Renditen für den höchsten und tiefsten Kurs finden. Das ist auch die Ausgangslage für die Dividenden-Hebel-Strategie.

Die Anleger scheinen für jede Aktie eine andere Anforderung an die Rendite zu stellen. Wenn Sie diese historischen Renditen prüfen, können Sie gut ein System erkennen. Sobald eine Rendite einen bestimmten Punkt erreicht hat, scheinen die meisten Anleger diese Aktie zu handeln. Jede Aktie scheint ein allgemein anerkanntes Risiko zu haben. Sobald die Rendite einen Tiefpunkt erreicht hat, verkaufen viele Anleger und umgekehrt wird bei dem Höchstpunkt gekauft.

Dabei hat jede Aktie ihren ganz individuellen maximalen Renditepunkt. Ab dieser Rendite steigt die Wahrscheinlichkeit, dass der Kurs ansteigt, da viele Anleger bereit sind, die Aktie nun zu kaufen. Umgekehrt steigt die Wahrscheinlichkeit, dass Anleger ihre Aktien verkaufen, wenn die Rendite einen bestimmten tiefen Bereich erreicht hat. Ausgehend von diesen Renditewerten sind Sie mit der Dividenden-Hebel-Strategie in der Lage, Einstiegs- und Ausstiegskurse zu berechnen. Ab diesen Kursen wird mit hoher Wahrscheinlichkeit eine Wende des Aktienkurses ausgelöst. Das genaue Vorgehen für die Berechnungen wird in den nachfolgenden Kapiteln ausführlich erklärt.

Sie brauchen einen Plan

Bevor Sie anfangen eine Investition zu tätigen, sollten Sie sich Ihr Ziel vor Augen halten. Wenn Sie verreisen, planen Sie die Reise auch im Voraus. Sie suchen sich Hotels heraus, recherchieren die Reiseroute und suchen einen guten Flug. Eventuell müssen Sie noch etwas Geld wechseln. Vielleicht wollen Sie nur am Strand liegen und entspannen oder Sie haben dutzende Sehenswürdigkeiten auf Ihrer To-do-Liste. Ist es ein kurzer Urlaub oder sogar eine Rundreise? Diese Überlegungen entscheiden über Ihr Vorgehen. Das gleiche gilt auch für Investitionen.

Wie viel wollen Sie erreichen?

Haben Sie viel Zeit und benötigen das investierte Geld nicht? Dann könnten Sie auch in langfristige Anlagen investieren. Diese können eine bessere Rendite bringen und dies mit geringerem Risiko. Die Zeit kann schlecht gelaufene Investitionen reparieren. Wenn Sie aber das Geld jederzeit brauchen könnten, dann sind Investitionen, bei denen Sie nur schwer Käufer finden, weniger geeignet.

Machen Sie sich auch klar, wie viel Geld Sie mit Ihrer Investition erzielen wollen. So können Sie zum Teil rückwärts rechnen. Die Höhe der Summe in Verbindung mit einer realistischen Rendite bestimmt die Summe, welche Sie einsetzen müssen. Wenn Sie monatlich Geld sparen können, müssen Sie bestimmen, wie viel es sein muss, um Ihr Geldziel zu erreichen.

Testen Sie mal meinen Investment-Rechner:
http://www.dividendenhebel.de/investment-rechner/

Wenig Zeit

Wenn Sie wenig Zeit haben, um Ihr Ziel zu erreichen, dann müssen Sie eventuell mehr investieren. Gleichzeitig sollte das Risiko auch geringer sein. Denn es kommt immer wieder vor, dass eine Investition sich nicht so entwickelt wie erwartet. Es kann zu Kriegen oder anderen Katastrophen kommen, die vorübergehend einen Einfluss auf Ihre Investition haben. Dann können Sie es sich vielleicht nicht leisten, so lange zu warten, bis Sie Ihre Investition zurückerhalten.

Machen Sie sich klar, wofür Sie die Investition machen. Was wollen Sie damit kaufen oder erreichen? Ist es ein neues schickes Auto oder eher als Vorsorge für Ihr Leben in Rente? Diese Kriterien haben einen Einfluss auf Ihre Risikobereitschaft. Investieren Sie mit einem Sparplan oder wollen Sie einen kleinen Betrag einmalig einzahlen?

Investieren Sie nur Geld, dass Sie nicht brauchen.

Wenn Sie in Immobilien investieren, kann es dauern, bis Sie die Gewinnzone erreichen. Dazu kommen hohe Aufwände zu Beginn und ein länger dauernder Verkaufsprozess. Die Suche nach einem Interessenten, der Gang zum Notar und Verzögerungen bei der Finanzierung des Käufers können schnell ein paar Wochen dauern.

Wir brauchen also eine sichere und schnell wieder veräußerbare Investition

Aktien von herausragenden Unternehmen mit einem hohen Marktwert kann man schneller verkaufen. Bei etablierten und großen Unternehmen gibt es genügend Kaufinteressenten. Ist das Unternehmen an der Börse notiert, können Sie einen Verkauf oft in wenigen Sekunden durchführen – online von zu Hause.

Sollte das Unternehmen eine Dividende zahlen, dann können Sie damit sogar einen eventuellen Kursrückgang kompensieren und sind schneller wieder im Plus. Aktien von Unternehmen, die Dividenden zahlen, erhalten Ihren Wert besser und lassen sich leichter verkaufen.

Die richtigen Unternehmen wählen

„Kaufen Sie Unternehmen, die auf eine hohe Wirtschaftlichkeit zurückblicken können und über ein starkes Geschäftsmodell verfügen." – *Warren Buffet*

Halten Sie sich an Ihre Richtlinien, wenn Sie Aktien kaufen. Machen Sie keine Ausnahmen. Halten Sie sich an Ihre Auswahlkriterien. Auch wenn ein Unternehmen auf den ersten Blick gerade sehr gut wirkt, bedeutet dies nicht, dass der Erfolg anhält. Wenn es einmal nicht mehr so gut geht, dann werden Sie sich ewig ärgern. Es untergräbt auch Ihre Moral und führt zu Zweifel an Ihren Investmententscheidungen.

Es gibt genügend sehr gute Wertpapier-Kandidaten, so dass Sie keine Kompromisse eingehen müssen. Prüfen Sie die Stabilität des Unternehmens. Sehen Sie nach, ob die Dividenden ununterbrochen gezahlt wurden, auch in Zeiten von großen Wirtschafts- und Unternehmenskrisen.

Kapitel 2

Die Dividenden-Hebel-Strategie

Aktien im Ring

Wachstumsaktien erzielen oft einen höheren Kursgewinn als Dividendenaktien. Dennoch kann sich eine Investition in Dividendenaktien rechnen. Vor allem, um das Risiko zu minimieren und im Falle einer größeren Kurskorrektur flexibel zu bleiben.

Unternehmen machen (hoffentlich) irgendwann Gewinne. Als Investor sollten Sie sich nur auf etablierten Unternehmen konzentrieren – auf Unternehmen, die ein funktionierendes Geschäftsmodell haben, welches sich auch in schlechten Zeiten bewährt hat. Sonst erhöhen Sie nur unnötig Ihr Risiko.

Als Aktionär besitzen Sie einen Anteil an dem Unternehmen. Damit besitzen Sie auch einen Anteil am Gewinn. Die Gewinne werden als Dividende an die Aktionäre ausgeschüttet. Die Höhe der Dividende wird in der Hauptversammlung bestimmt. Der nicht ausgezahlte Anteil am Gewinn verbleibt im Unternehmen. Dadurch kann der restliche Gewinn in das Wachstum investiert werden.

Wachstumsaktien gegen Dividendenaktien

Stellen wir die Wachstumsaktie der Dividendenaktie gegenüber. Wachstumsaktien investieren die kompletten Gewinne in das Unternehmen selbst. Diese Unternehmen wollen wachsen. Die Anleger sollen durch Aktienkursgewinne an dem steigenden Wert des Unternehmens profitieren. Erfolgreiches Wachstum liefert also einen höheren Aktienkurs. Hoffentlich.

Bei Kurskorrekturen verlieren Wachstums- und Dividendenaktien an Wert. Doch Aktien mit Dividenden verlieren in der Regel weniger an Wert. Hinzu kommt, dass Wachstumsaktien kein Einkommen an die Anleger ausschütten.

Das genau ist aber bei den Dividendenaktien das große Plus. Die addierten Dividenden können oft den Verlust im Aktienkurs in einem überschaubaren Zeitraum kompensieren. Jede erhaltene Dividende reduziert den nötigen Aktienkurs, ab dem Sie wieder auf Null sind. Denn wenn Sie die Dividende vom Kaufpreis abziehen, dann sinkt der von Ihnen gezahlte Preis.

Während ein Wachstumsaktionär entweder einen Verlust realisiert oder bis zum Wiedererreichen des alten Einkaufspreises ausharren muss, kann der Dividenden-Aktionär nicht nur seinen Einkaufskurs, ab dem er seinen Verlust kompensiert hat, reduzieren, sondern auch noch die erhaltenen Dividenden vorab erneut investieren.

Durch das Reinvestieren der Dividenden profitiert der Dividenden-Aktionär auch noch von den korrigierten und günstigen Aktienkursen, da sich diese nun wieder im oberen Rendite-Korridor befinden.

Vorteile der Dividendenaktien

- Dividende als Einkommen

- Investieren der Dividende bringt weitere Dividenden

- Kurs-Verlust wird durch die Dividende kompensiert

Dividenden gegen Dividenden-Hebel

Bei der *klassischen Dividenden-Strategie* spielt der eigentliche Aktienkurs beim Kauf keine Rolle, da Sie auf lange Sicht investieren. Die ausgewählten Aktien werfen in der Regel eine fortlaufende Dividende ab. Diese Dividende wird für den Aufbau Ihres Investment-Kapitals erneut investiert. Hier greift der Zinseszins und bringt Sie schneller zum Ziel: *Genügend Kapital zu besitzen, um von den Renditen zu leben.*

Die *Dividenden-Hebel-Strategie* ist eine Erweiterung der klassischen Dividenden-Strategie. Doch anstatt zu jedem Kurs zu kaufen und niemals zu verkaufen, warten Sie mit dem Kauf auf günstige und vorab bestimmte Kurse. Sie verkaufen auch Aktien wieder, sobald der Aktienkurs überbewertet ist. Überbewertet ist der Aktienkurs, wenn die Dividendenrendite sich im historisch tiefen Bereich befindet. Dafür ermitteln Sie einen Ausstiegskurs, ab dem eine Kurs-Korrektur sehr wahrscheinlich ist.

Sollte der Aktienkurs zu hoch sein, bieten sich lukrative Kursgewinne. Diese übersteigen die Dividenden bei weitem. Mit diesem Gewinn können Sie noch mehr Aktien kaufen, sobald der Kurs wieder fair für einen erneuten Einstieg geeignet ist. Zusätzlich sind Sie kürzer am Markt investiert und reduzieren damit auch Ihr Investment-Risiko.

Vorteile der Dividenden-Hebel-Strategie

- Kauf nur beim niedrigen Einstiegskursen für eine höhere Dividendenrenditen

- Ausstiegskurse für eine höhere Rendite und mehr Sicherheit

- Kürzere Haltedauer für weniger Risiko

Was macht die Dividenden-Hebel-Strategie so wertvoll?

Bei der klassischen Dividenden-Strategie kaufen Sie zu jedem Kurs und investieren auf eine lange Haltedauer. Die Dividenden werden für weitere Investitionen genutzt. Hier greift der Zinseszins.

Die Dividenden-Hebel-Strategie ist eine Erweiterung der normalen Dividenden-Strategie. Es werden aufgrund historischer Werte für jede Aktie individuell Einstiegs- und Ausstiegskurse berechnet. Ein Kauf und Verkauf erfolgt nach diesen Kursen. Die Dividenden werden ebenfalls reinvestiert. Zusätzlich bringen die hohen Kursgewinne bei einem Ausstieg zusätzliche Mittel für weitere Investitionen.

Die Dividenden-Hebel-Strategie bietet:

- Einstiegskurse für höhere Dividendenrenditen

- Ausstiegskurse für höhere Rendite durch Kurs-Gewinne

Wie kann man die zu erwartenden Kurse ermitteln?

Der Rendite-Korridor ist die Spanne für die Dividenderendite zwischen dem tiefsten und höchsten Aktienkurs für ein ausgewähltes Jahr. Teilen Sie die gezahlte Dividende durch die entsprechenden Tiefst- und Höchstkurse. So erhalten Sie den Korridor für die vergangenen Jahre.

Die Aussage, dass *Market Timing*, also das Abpassen der idealen Zeitpunkte für einen Einstieg oder Ausstieg nicht möglich ist, stimmt nicht ganz. Ja, es gibt Aktien, bei denen man dies nicht machen kann. Aber es gibt auch Aktien, die man ungefähr einschätzen kann, weil diese schon seit Jahren, wenn nicht sogar seit Jahrzehnten einem Rhythmus folgen.

Nicht auf den Kurs, sondern auf die Rendite schauen

Wenn man sich die Aktienkurse von *Adidas* ansieht, dann kann man kein System erkennen. Nimmt man aber die Dividenden zur Hilfe und berechnet den Rendite-Korridor, sieht es etwas anders aus. Am Chart können Sie deutlich den Korridor zwischen den maximalen und minimalen Renditen sehen.

Jährliche Kurstabelle Adidas

Jahr	Höchstkurs €	Tiefstkurs €	Dividende €
2014	93,22	52,94	1,50
2013	92,68	66,05	1,35
2012	69,26	49,51	1,00
2011	57,62	42,42	0,80
2010	51,55	34,64	0,35
2009	39,30	22,10	0,50
2008	51,63	21,22	0,50
2007	51,26	34,50	0,42
2006	44,00	34,66	0,33
2005	41,00	27,78	0,33
2004	30,83	22,17	0,25
2003	23,03	17,20	0,25
2002	22,48	15,62	0,23
2001	21,11	11,52	0,12
2000	18,27	12,25	0,23
1999	26,13	17,00	0,21
1998	42,05	20,30	0,21
1997	35,02	16,67	0,14

Die Zahlen stammen von *https://www.boerse.de/histori-schekurse/Adidas-Aktie/DE000A1EWWW0, 28.11.2017*

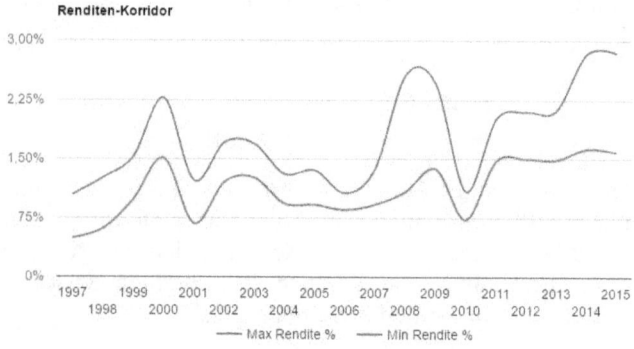

Nutzen Sie den Rendite-Korridor, um die erwarteten Kurse zu ermitteln

Die Dividende mit den Tiefst- und Höchstkursen liefert die maximale und minimale Dividendenrendite pro Jahr.

Nimmt man nun die zu erwartende Dividende und teilt diese durch leicht angepasste Durchschnittswerte der Renditen, kann man sich einen Einstiegskurs und Ausstiegskurs ermitteln.

Jahr	Höchstkurs €	Tiefstkurs €	Dividende €	Max Rendite	Min Rendite
2010	51,55	34,64	0,35	1,01 %	0,68 %
2011	57,62	42,42	0,80	1,89 %	1,39 %
2012	69,26	49,51	1,00	2,02 %	1,44 %
2013	92,68	66,05	1,35	2,04 %	1,46 %
2014	93,22	52,94	1,50	2,83 %	1,61 %
Durchschnittsrenditen:				**1,96 %**	**1,32 %**

Die Durchschnittsrenditen der letzten 5 Jahre bieten einen Anhaltspunkt, um einen eigenen Einstiegskurs zu berechnen. Wenn die Dividendenrendite unter dem Durchschnittswert der minimalen Rendite sinkt, sollte man einen Verkauf in Betracht ziehen. Denn die Wahrscheinlichkeit einer Kurskorrektur für diese Aktie ist sehr hoch.

Diese Einstiegs- und Ausstiegskurse sind nicht immer genau, aber auf jeden Fall besser, als ein bloßes Kaufen ohne die Kursgrenzen zu beachten.

Verkaufen, wenn der Kurs zu hoch ist

Anstatt nur die Dividenden wieder zum Investieren zu nutzen, nutzt die Dividenden-Hebel-Strategie die freien Gelder durch einen Verkauf. Wenn die Kurse so hoch sind, dass die durchschnittliche Minimalrendite unterschritten wird, kann man in der Regel davon ausgehen, dass der Kurs bald wieder sinkt.

Wenn man sich die Tabelle nochmal genauer ansieht, erkennt man, dass der Tiefstkurs im nächsten Jahr fast immer deutlich vom Höchstkurs letzten Jahres entfernt war.

Somit war ein erneuter Einstieg ohne weiteres möglich. Und zwar mit der enormen Kursgewinnrendite, die dann wieder in die Aktien investiert werden kann, sobald der Kurs sich wieder am unteren Ende des Rendite-Korridors befindet.

Ist ein Wiedereinstieg immer möglich?

Nein, aber das ist auch nicht nötig. Es gibt genug andere Kandidaten, welche die strengen Filter-Kriterien für die Wertpapier-Kandidaten bestehen und dann gewinnbringend zu kaufen sind.

Jahr	Höchstkurs	Tiefstkurs	Dividende	Einstiegs-kurs	Ausstiegs-kurs
2014	93,22	52,94	1,50	68,18	93,75
2013	92,68	66,05	1,35	67,50	90,00
2012	69,26	49,51	1,00	50,00	66,67
2011	57,62	42,42	0,80	40,00	72,73
2010	51,55	34,64	0,35	17,50	35,00
2009	39,30	22,10	0,50	20,83	42,74
2008	51,63	21,22	0,50	38,46	50,00

Wenn Sie sich die errechneten Einstiegs- und Ausstiegskurse ansehen, können Sie erkennen, dass ein Wiedereinstieg möglich war. So hätten Sie bei einem hohen Kurs verkaufen und mit dem Gewinn erneut einsteigen können, sobald der Kurs wieder gesunken wäre.

Gegenüberstellung beider Strategien anhand der Adidas-Aktie

Um nun die beiden Dividendenstrategien zu testen, und damit die bessere Version zu finden, beginnen Sie beide Dividenden-Strategien mit 10.000 Euro und mit einem Einstiegskurs von 38,46 Euro im Jahr 2008. Danach nehmen Sie immer den tiefsten Jahreskurs und kaufen dafür die Aktien ein. In der realen Welt ist das Abpassen des tiefsten Jahreskurses unmöglich. Sie würden also zu unterschiedlichen Aktienkursen gekauft haben. Dieser Vorteil im Beispiel soll die Überlegenheit der Dividenden-Hebel-Strategie verdeutlichen, denn sogar bei diesem Zahlenbeispiel werden Sie den Vorsprung der Dividenden-Hebel-Strategie erkennen.

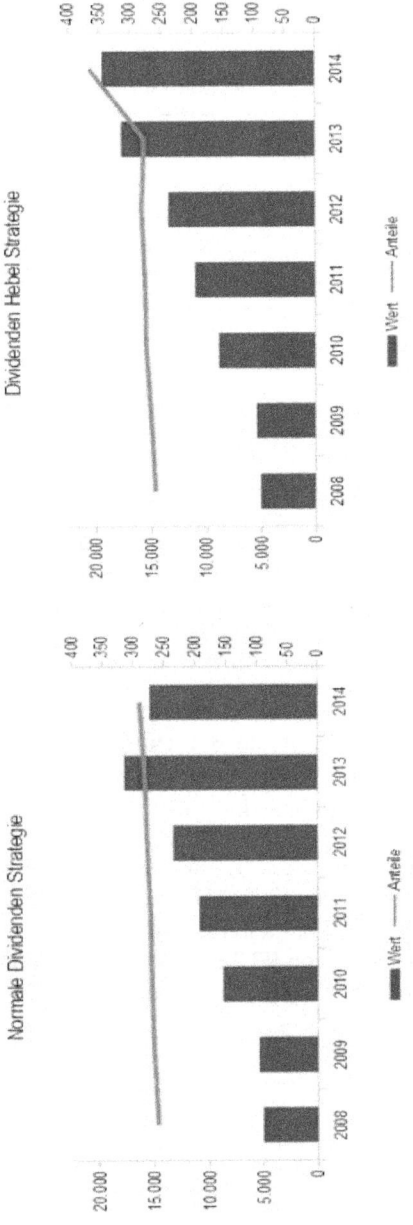

Normale Dividenden-Strategie mit Re-Investition der Dividende

Die nachfolgende Berechnung nimmt als Einstiegskurs das Mittel zwischen dem Tiefstkurs und dem Höchstkurs

Jahr	Verfügbares Kapital	Anteile	Gewinn	Höchst-kurs	Tiefst-kurs	Dividende
2008	10.000,00	275	137,27	51,63	21,22	0,50
2009	137,27	279	139,50	39,30	22,10	0,50
2010	139,50	282	98,79	51,55	34,64	0,35
2011	98,79	284	227,38	57,62	42,42	0,80
2012	227,38	288	288,05	69,26	49,51	1,00
2013	288,05	292	393,77	92,68	66,05	1,35
2014	393,77	297	445,60	93,22	52,94	1,50

Die verfügbaren Aktienanteile sind **von 275 auf 297** angestiegen. Bei einem Kurs von 93,22 Euro wären das **27.686 Euro**, also circa **177 %**.

Dividenden-Hebel-Strategie mit Re-Investition der Dividende und der Verkaufserlöse

Wenn die Aktie verkauft wurde, wird keine Dividende angerechnet. Das vereinfacht die Berechnung. Auch wird angenommen, dass Sie immer wieder einsteigen, sobald der Einstiegskurs erreicht wird. Sie können deutlich den Vorteil gegenüber einer normalen Dividenden-Strategie erkennen. Selbst wenn das System kurzfristig zurückfällt, schlägt es die normale Dividenden-Strategie, vor allem sobald die Kurse einen Rücksetzer erleben.

Die verfügbaren Aktienanteile sind **von 260 auf 337** angestiegen. Bei einem Kurs von 93,22 Euro wären das **31.415,14 Euro**, also circa **214 %**. Der Unterschied ist mit **37 % Punkten** enorm.

Jahr	Verfügbares Kapital	Anteile	Gewinn	Höchst-kurs	Tiefst-kurs	Dividende	Einstiegs-kurs	Ausstiegs-kurs
2008	10.000,00	260	13.000,00	51,63	21,22	0,50	38,46	50,00
2009	13.000,00	-	-	39,30	22,10	0,50	20,83	42,74
2010	13.000,00	-	-	51,55	34,64	0,35	17,50	35,00
2011	13.000,00	-	-	57,62	42,42	0,80	40,00	72,73
2012	13.000,00	260	17.334,20	69,26	49,51	1,00	50,00	66,67
2013	17.334,20	256	23.040,00	92,68	66,05	1,35	67,50	90,00
2014	23.040,00	337	505,50	93,22	52,94	1,50	68,18	93,75

Dividenden-Hebel-Strategie

Mit der Dividenden-Hebel-Strategie konzentrieren Sie sich auf Dividenden von etablierten Aktiengesellschaften. Sollten die Aktienkurse nicht steigen, ist die Dividendenrendite Ihr Sicherheitsnetz. Die grundlegende Idee ist, in der Risiko-Klasse A+ zu bleiben und dennoch Chancen auf Gewinne der Risiko-Klasse C+ zu erhalten.

Dazu suchen Sie sich etablierte Aktien mit einer guten Rendite heraus. Die Rendite ist Ihre A+ Investition. Da es sich um Aktien handelt, besteht nun auch die Chance auf einen hohen Gewinn, wie in der Risikoklasse C+. Der Kurs schwankt innerhalb des Rendite-Korridors. Wenn der Kurs zu stark steigt, verkaufen Sie und kassieren den Hebel-Gewinn.

Doch welche Aktien kommen in Frage und wann sollte man einsteigen? Diese Fragen werden auf den folgenden Seiten beantwortet.

Grundgerüst

Aktieninvestitionen sollten eine ewige Rente liefern. Solange sich die Rendite nicht rückläufig entwickelt, spielt der einmalige Kaufpreis also keine Rolle. Für die Investition zählt nur die Rendite, also die Verzinsung auf das eingesetzte Kapital.

Wenn die Aktienkurse nach dem Kauf sehr stark ansteigen, kann es sinnvoll sein, die Investition abzustoßen und den hohen Kursgewinn zu kassieren. Das ist Ihr Hebel-Gewinn.

Dieses Geld kann dann erneut investiert werden. Warten Sie auf einen Kurs, der eine Investition rechtfertigt, also eine entsprechende Mindestrendite verspricht. Das ist Ihr Sicherheitsnetz.

Leitsätze der Dividenden-Hebel-Strategie

- Meine Sicherheit geht über Gewinne

- Ich investiere nur in Dividendenaktien

- Ich kaufe nur bei niedrigen Preisen

- Bei mehreren Einstiegskandidaten den besten auswählen

- Wenn kein „bester" Einstiegskandidat gewählt werden kann, dann das Kapital aufteilen

- Ich mische niemals die Dividenden-Hebel-Strategie mit anderen Investment-Strategien

- Ich betreibe Slow-Investing

- Ich schenke den Nachrichten keine große Beachtung

- Ich bestimme den Ausstiegskurs vorab und halte mich daran

- Kleine aber sichere Gewinne, bringen mich zum Erfolg

Meine Sicherheit geht über Gewinne

Das Wichtigste ist der Erhalt des Kapitals. Gehen Sie keine unnötigen Risiken ein. Es gibt genügend Aktien, die Ihnen eine gute Rendite bringen und dabei Ihr Risiko eines Totalausfalls oder eines massiven Kursverlusts sehr gering halten.

Zur einer erhöhten Sicherheit gehört auch dazu, sich von Investments zu trennen, wenn das Risiko steigt. Sie berechnen einen Rendite-Korridor für jede potenzielle Aktie in Ihrer Liste. Damit berechnen Sie nicht nur einen Einstiegskurs, der am oberen Ende des Rendite-Korridors liegt, sondern auch einen Kurs, der am unteren Ende des Rendite-Korridors liegt.

Wenn der aktuelle Kurs einer Aktie eine Dividendenrendite liefert, die im oberen Bereich des Rendite-Korridors liegt, dann kann man sagen, dass diese Aktie ein guter Kauf ist. Die Wahrscheinlichkeit steigt an, dass der Kurs wieder anzieht. Dies drückt die Dividendenrendite nach unten. Mit steigendem Aktienkurs bringt die Aktie prozentual weniger Rendite für den aktuellen Kurs, da die Dividende im Gegensatz zum Kurs für das Jahr stabil bleibt.

Wenn der Kurs sehr stark steigt und die Dividendenrendite nun am unteren Bereich des Rendite-Korridors liegt, dann steigt die Wahrscheinlichkeit, dass der Kurs wieder fällt.

Hier sollten Sie verkaufen. Ja, es kann sein, dass der Kurs weiterhin wächst, aber das ist Spekulieren. Schützen Sie Ihr Investment und realisieren Sie den Kursgewinn, sobald die Dividendenrendite niedriger ist als üblich für diese Aktie. Weinen Sie keinen entgangenen Gewinnen hinterher. Besser Sie sind vorsichtig als nachsichtig.

Das Risiko einer Kurskorrektur ist nun höher als der mögliche Gewinn mit dieser Aktie. Nehmen Sie lieber den Gewinn und kaufen Sie einen anderen Wertpapierkandidaten, der eher wieder steigen wird, also eine andere Aktie mit einem Kurs am oberen Ende des Rendite-Korridors.

Ich investiere nur in Dividendenaktien

Nur Dividendenaktien bieten ein Einkommen. Damit definiere ich den Kauf von Dividendenaktien als Investment. Alles andere ist für mich Spekulation. Ich möchte das Dividenden-Sicherheitsnetz nicht missen. Sie werden unendlich dankbar sein, wenn das Sicherheitsnetz Sie mal auffangen muss.

Ich kaufe nur bei niedrigen Preisen

Ihr Ziel sollte sein, die Investition so günstig wie möglich zu tätigen. Warten Sie also darauf, dass für die Aktie eine unüblich hohe Dividendenrendite erreicht wird. Gleichzeitig steigt auch die Wahrscheinlichkeit, dass der Aktienkurs wieder ansteigt.

Entspricht die Rendite Ihren Erwartungen, könnten Sie nun kaufen. Denn die Dividendenausschüttung ändert sich nicht so schnell, im Gegensatz zum Aktienkurs. In der Regel wird die Dividende vorab festgelegt und nur in extremen Krisen nach unten korrigiert.

Gehen Sie immer von der zuletzt gezahlten Dividende aus. Diese Dividende nutzen Sie für die Berechnung eines günstigen Einstiegskurses. Die Dividende und Ihre gewünschte Verzinsung ist Grundlage für einen Aktienkurs, den Sie maximal bereit sind zu zahlen.

Bei mehreren Einstiegskandidaten, den Besten auswählen

Es kann vorkommen, dass gleichzeitig mehrere Wertpapier-Kandidaten den Einstiegskurs erreichen. Nun stellt sich die Frage, in welche Aktie Sie investieren sollten?

Eines vorab, ich bevorzuge eine Konzentration, statt einer Diversifikation. Schauen Sie sich die Wertpapierkandidaten an. In der Regel können Sie eine Reihenfolge der Aktien festlegen. Und warum sollten Sie dann nicht alles verfügbare Kapital in den Besten Ihrer Liste investieren?

Was können Sie für die Bestimmung einer Reihenfolge nutzen?

Sortieren Sie die Aktien nach der Dividendenrendite. Je höher die Dividendenrendite ist, desto weniger Kurssprünge sind zu erwarten und zwar in beide Richtungen. Eine hohe Dividendenrendite bietet ein besseres Sicherheitsnetz.

Schauen Sie sich die Spanne zwischen dem Einstiegskurs und dem Ausstiegskurs an. Ich bevorzuge größere Spannen, da Sie dann auch früher aussteigen können, zum Beispiel mit dem Wellenschnitt, bei dem Sie schon ab 10–15 % Kursgewinn verkaufen. Wenn die Spanne bei 20 % liegt, dann dauert es in der Regel länger, bis die ersten 10 % Kursgewinn erreicht werden, als bei einer Spanne von 40 %. Bei einer höheren Spanne können Sie davon ausgehen, dass die ersten 10 % relativ schnell erreicht werden.

Sie können auch weitere Zahlen berücksichtigen, wie zum Beispiel:

- Sinkende Umsätze

- Sinkende Gewinne

- Große Anschaffungen oder Fusionen

Wenn kein „bester" Einstiegskandidat gewählt werden kann, dann das Kapital aufteilen

Wenn Sie wirklich keine Unterscheidung treffen können oder wollen, dann können Sie Ihr Kapital auf die Wertpapierkandidaten verteilen. Achten Sie aber darauf, dass die Teile nicht zu klein werden, denn sonst nehmen die Brokerkosten einen Einfluss auf Ihre Rendite. Viele Broker verlangen eine Mindestgebühr, so dass bei zu kleinen Teilen die Gebühren doch eine Rolle spielen können.

Ich mische niemals die Dividenden-Hebel-Strategie mit anderen Investmentstrategien

Wenn Sie die Dividenden-Hebel-Strategie mit anderen Investment-Strategien vermischen, dann ist das keine Dividenden-Hebel-Strategie mehr. Das Verhalten ist nicht vorhersagbar, denn die Effekte Ihrer Kaufentscheidung würden nun von mehreren Strategien abhängen. Das kann zu Fehlentscheidungen führen.

Wenn Sie dann Geld mit Ihrer Mischstrategie verlieren, bezichtigen Sie die Dividenden-Hebel-Strategie für das Versagen, schuld zu sein. Damit berauben Sie sich um eine sehr einfache und effektive Möglichkeit, Ihr Geld richtig zu investieren.

Ich betreibe Slow-Investing

Die Dividenden-Hebel-Strategie legt großen Wert auf strenge Auswahlkriterien. So ist Ihr Anlageuniversum kleiner als bei anderen Strategien. Denn kaufen Sie nur, wenn der Kurs IhrenErwartungen entspricht.

Dies führt dazu, dass Sie nur sehr wenige Signale erhalten werden. Manchmal sind monatelang keine Einstiegskandidaten in Sicht. Verlieren Sie nicht die Nerven.

Was ist falsch daran, mit nur 2 Aktionen im Jahr 30 % zu verdienen? Andere Systeme und Strategien bieten zwar einen Haufen Aktionsmöglichkeiten, doch die Ergebnisse sind meist sehr mager. Oft können Sie froh sein, nicht noch einen Verlust zu machen. Mit jeder Aktion steigt die Möglichkeit, einen Verlust einzufahren.

Handeln Sie nicht, um des Handelns willen, sondern um Ihre Rendite zu verbessern.

Ich schenke den Nachrichten keine große Beachtung

Wenn Sie die Nachrichten der Börsendienste verfolgen, sind Sie schnell verwirrt. Es scheint fast so, als ob die Dienste jede Stunde etwas Gegensätzliches publizieren müssen.

Es ist schlimmer als bei Fitness-Magazinen, die jede Woche eine neue Diät präsentieren. Ich erinnere mich noch an einen Tag, an dem die Nachrichten fast stündlich von „die Börse stürzt" bis hin zu „Allzeithoch in Sicht" variierten.

Dazu kommen, dass viele Börsenberichte auch von Investmentbanken herausgegeben werden. Diese haben ein eigenes Interesse daran, eine Aktien hochzujubeln oder eine andere in den Boden zu schreien. Je nachdem, was die Analysten gerade selbst mit der Aktie vorhaben, wird die entsprechende Bewertung über eine Aktie erstellt.

Unvergesslich ist auch, wie 2001 Herr *Rowen* von *Prudential Securities* die Amazon-Aktien mit 6–10 Dollar bewertete. Damals stand die Aktie bei circa 12 Dollar. Heute, Juni 2017, steht Amazon bei 1.000 Dollar.

Neben den unfähigen Analysten gibt es auch viele andere Nachrichten über Unternehmen, die einen nervös machen können. So gerieten einige in Panik, als *Coca Cola* umfangreiche Umstrukturierungen anging. Diese dauerten mehr als 2 Jahre. So konnte ich Februar 2017 die Coca-Cola-Aktie sehr günstig erwerben und mit etwas mehr als 10 % Gewinn nach ein paar Monaten wieder verkaufen. Dazwischen gab es sogar noch eine Dividende. Wäre ich den Berichten und Nachrichten gefolgt, hätte ich die Aktie nicht gekauft.

Ich bestimme den Ausstiegskurs vorab und halte mich daran

Es ist immer schwer, sich von einer Aktie zu trennen. Der Kauf geht schnell und einfach. Aber das Verkaufen wird oft hinausgezögert. Man hofft auf einen weiteren Kursgewinn durch ein Ansteigen des Aktienkurses. Doch dies kann fatale Folgen haben.

Damit Sie sich nicht dem Nervenkrieg aussetzen, sollten Sie den Ausstiegskurs im Voraus berechnen. Vielleicht richten Sie sich auch eine Limit-Verkaufsorder ein, so dass der Ausstieg automatisch erfolgt.

Wenn Sie den Ausstiegskurs nach der Dividenden-Hebel-Strategie bestimmen, dann steigt die Wahrscheinlichkeit einer Kurskorrektur stark an, sobald die Dividendenrendite den unteren Bereich des Dividenden-Korridors erreicht. Dann ist der Aktienkurs für diese Aktie überbewertet.

Anstatt ein Risiko einzugehen, verzichten Sie lieber auf etwas mehr Gewinn und kassieren Sie Ihren sicheren Kursgewinn. Diesen Gewinn können Sie erneut in einen anderen Kandidaten investieren. Das bringt Ihnen eine gute Rendite und vor allem ein entspanntes Investieren.

Kleine aber sichere Gewinne bringen mich zum Erfolg

Lieber zweimal jeweils 15 % Kursgewinn mitnehmen, als darauf zu warten, dass die Aktie 30 % Kursgewinn einbringt. Wenn Sie die ersten 15 % Kursgewinn reinvestieren und erneut 15 % Kursgewinn mitnehmen, dann haben Sie sogar 32,25 % Rendite.

Der Hebel in der Strategie

Der Hebel in der Dividenden-Hebel-Strategie ergibt sich durch den prozentualen Unterschied in der Veränderung der Dividendenrendite zu dem Aktienkurs. Sie zielen auf die Dividende, nehmen aber den Kursgewinn mit.

Die historische Dividendenrendite, bezogen auf den jeweiligen Jahres-Tiefstkurs, dient Ihnen als Anhaltspunkt, ab wann eine Aktie als unterbewertet gilt. Damit steigt die Wahrscheinlichkeit, dass der Kurs wieder anzieht. Ebenso bieten Ihnen die historischen Werte der Jahres-Höchstkurse einen Anhaltspunkt, ab wann die Aktie überbewertet ist. Ab dann steigt die Wahrscheinlichkeit, dass der Kurs wieder fällt.

Die Dividende bleibt in der Regel gleich. Der Aktienkurs schwankt. Damit haben Sie bei unterschiedlichen Aktienkursen verschiedene Dividendenrenditen.

Wenn Sie eine Aktie zum Einstiegskurs von 100 Euro kaufen und diese Aktie eine Dividende von 4 Euro bietet, haben Sie eine Dividendenrendite von 4 %. Wenn die Dividendenrendite wegen des gestiegenen Kurses auf 3,5 % gedrückt wird, hat der Kurs einen Sprung auf 114 Euro gemacht – das entspricht also 14 %.

Dividenden-rendite	Dividende	Aktienkurs	Aktienkurs-anstieg
4,00 %	4,00	100,00	
3,50 %	4,00	114,29	14,29 %

7 Schritte zum Investment

Befolgen Sie die 7 einfachen Schritte. Mit diesen Schritten setzen Sie die Strategie schnell und einfach um. Nachfolgend betrachten wir die einzelnen Punkte näher und am Ende fasse ich diese noch einmal zusammen.

Die 7 Punkte

1. Wertpapierkandidaten ermitteln

2. Einstiegskurse ermitteln

3. Ausstiegskurse ermitteln

4. Berechnete Kurse auf eine automatische Beobachtungs-liste setzen

5. Handeln, wenn die Kurse erreicht sind

6. Richten Sie sich einen Sparplan ein

7. Aktualisieren Sie Ihre Berechnungen nach einer Dividendenzahlung

Dividenden steigen in einem gesunden Markt

Durch die steigende Dividende steigt auch Ihre Rendite, da die Rendite durch den Kaufpreis bestimmt wird. Damit wächst Ihre Rendite langsam an, ohne dass Sie etwas machen müssen.

Bei einer Rendite von 4 % im ersten Jahr und einer jährlichen Zuwachsrate von 4 % auf den Gewinn kommen Sie nach 10 Jahren auf eine Rendite von 5,69 %.

Beispiel: Einmalige Anlage von 10.000 Euro bei <u>Entnahme</u> der Rendite

Bei dieser Berechnung legen Sie 10.000 Euro an. Die Dividenden verzehren Sie und machen keine weiteren Investitionen.

Jahr	Rendite	Gewinn	Gewinn %
1	4,00 %	400,00	4,00 %
10	5,69 %	4.802,44	48,02 %
20	8,43 %	11.911,23	119,11 %

Beispiel: Einmalige Anlage von 10.000 Euro bei <u>Wiederanlage</u> der Rendite

Hier legen Sie ebenfalls 10.000 Euro an. Die Dividenden legen Sie jedoch wieder an.

Jahr	Rendite	Gewinn	Gewinn %
1	4,00 %	400,00	4,00 %
10	7,66 %	5.181,83	51,81 %
20	9,62 %	13.186,98	131,86 %

Wenn Sie einen perfekten Markt annehmen, dann steigt der Aktienkurs direkt mit dem Gewinn. Nehmen Sie einmal an, dass egal in welchem Jahr Sie erneut einsteigen, Sie mit einer Rendite von 4 % beginnen werden.

So erhalten Sie für die 400 Euro Dividende im ersten Jahr eine 4 % Rendite, also 16 Euro. Dieses Geld legen Sie erneut an und bekommen wiederum im ersten Jahr 4 % für Ihre Wiederanlage. Im zweiten Jahr sind es dann schon 4,16 % (4 % + 4 % Steigerung).

Durch die addierten Gewinne fällt Ihre Rendite auch anders aus. Diese wird anhand aller erzielten Gewinne bis zum entsprechenden Jahr, geteilt durch die Anfangsinvestition, bestimmt.

Schwankungen im Kurs-Korridor

Ein Aktienkurs schwankt binnen eines Jahres innerhalb seines Kurs-Korridors. Übertriebene Erwartungen auf die Gewinne eines Unternehmens sind oft für das Auf und Ab der Kurse verantwortlich.

Zuweilen glauben die Anleger nicht mehr an die angekündigte Dividende und verkaufen dann Anteile. Der Kurs sinkt durch die Verkäufe. Bestätigen die Geschäftsberichte die Zahlen, oder verleiten Spekulanten zu Übertreibungen, dann steigt der Kurs durch die Käufe wieder an.

Wenn Sie den existierenden Kurs-Korridor zugrunde legen, dann ist es kein großer Unterschied, ob Sie eine Rendite von 5 % oder 4 % im Jahr einnehmen. Was passiert aber mit dem Kurs? Der Kurs schwankt in höheren Werten. Der Unterschied zwischen 4 bis 5 % macht 25 % im Aktienkurs aus.

Geringe Dividenden sind schwer kalkulierbar

Aktien mit einer sehr niedrigen Rendite können nicht durch die Dividenden-Hebel-Strategie richtig eingeschätzt werden. Bei niedrigen Renditen ist der Kurskorridor zu weit. Die Spanne erzeugt eine zu starke Hebelwirkung.

Wenn die Rendite zwischen 1,0 % und 1,5 %, schwankt, dann schwankt der Kurs um 50 %. Damit ergeben sich sehr schnell hohe Aktienkurse. Die Spanne der Rendite ist prozentual zu hoch.

Die enthaltene Sicherung in der Dividenden-Hebel-Strategie funktioniert sehr gut mit Aktien, welche in der Regel eine höhere Rendite abwerfen. Denn dann sehen Sie sofort, wann Aussteigen anzuraten ist. Verkleinert sich der Kurskorridor und sinkt die minimale Rendite auf ungewöhnliche Werte, also zum Beispiel von einer durchschnittlichen Rendite von 3,5 % auf 2,0 %, dann ist Vorsicht angesagt. Der Markt und die Aktie sind vermutlich überbewertet.

Im Grunde genommen sollten Sie hohe Renditen bevorzugen. Es gibt genügend Unternehmen, die Ihrem Filter für Investment-Kandidaten standhalten und eine hohe Rendite bringen. Und dies schon seit Jahrzehnten.

Aktien mit einer niedrigeren Rendite als 3 % betrachte ich als 10 %-Risikokandidaten. Leute, die aktiver handeln möchten, können diese Kandidaten nutzen, um jeweils auf den Kursgewinn zu zielen. Sie kaufen diese Werte, um diese nach einem ansehnlichen Kursgewinn zu verkaufen. Zum Beispiel nach 10 % Kursgewinn. Bei 10 %-Risikokandidaten sollten Sie aber auch nur 10 % Ihres Kapitals investieren.

Hebel

Während die Dividende gleich bleibt, schwankt die Rendite, bedingt durch den wechselnden Aktienkurs. Während die Rendite aber nur in kleinen Bereichen schwankt, macht der Kurs enorme Sprünge.

Rendite-spanne	Einstiegs-kurs	Ausstiegs-kurs	Spanne
1 % - 2 %	50,00	100,00	100 %
4 % - 5 %	20,00	25,00	25 %
8 % - 9 %	11,11	12,50	13 %

Mit Investitionen in etablierten Unternehmen, können Sie also auch von kleinen Änderungen der Rendite enorm profitieren. Warum wird der Kurs aber derart steigen? In der Regel sind die ganz großen Anleger und Investoren ebenfalls an der Rendite interessiert.

Die großen Investoren (Aktienfonds, Versicherungen etc.) sind schon in hochprofitablen Investitionen investiert. Dennoch bleiben enorme Geldmittel übrig, da sehr gute Investitionen in der Regel nicht unendlich verfügbar sind. Diese übrigen und dennoch enormen Gelder müssen ebenfalls investiert werden.

Also suchen diese Investoren nach weiteren Möglichkeiten, Ihre Rendite zu verbessern. Oft gilt bei großen Investoren, dass überhaupt nicht investiertes Geld schlimmer ist, als eine schlechte Rendite, da sie gegenüber den eigenen Investoren Rechenschaft ablegen müssen.

Also kaufen diese großen Investoren etablierte Aktien (Triple A bewertet, also AAA). In der Regel werden vermehrt solche Werte gekauft, die eine höhere Rendite anbieten als der Kapitalmarkt selbst. Diese AAA-Aktien finden sich in den Top-Indizes. Investoren kaufen solange solche Aktien, bis deren Renditen so niedrig sind, dass das Risiko, diese Aktien zu halten, sich nicht mehr rechnet.

Fiktives Beispiel für die Dividenden-Hebel-Strategie

Staatsanleihen und Festgeld liefern 2 %. Ein großer Investor (Fond, Versicherung etc.) verfügt noch über ein paar Milliarden Bargeld und will diese investieren. Eine AAA-Aktie, die derzeit 5 % Rendite liefert, ist auf dem Markt verfügbar. Der Investor fängt nun an, diese Aktie zu kaufen.

Da es sich hierbei um enorm viel Geld handelt, verändert dieser Kauf tatsächlich auch den Aktienkurs. Das ist in Ordnung, solange die Rendite noch über der sicheren Rendite am Markt liegt (+ etwas an Bonus-Prozentpunkten).

Dieser Investor kauft nun solange, bis die Rendite auf 4 % schrumpft. Da sich die Dividende selbst nicht verändert, hat der Kurs einen Sprung von 25 % gemacht.

	Euro	Gewinn Euro	Dividenden- rendite	Rendite
Dividende	1,00			
Einstiegskurs	20,00	1,00	5 %	5 %
Ausstiegskurs	25,00	5,00	4 %	25 %

Wenn der Kurs stabil bleibt

Wenn der Kurs sich in dem berechneten Kurs-Korridor aufhält, ist alles bestens. Sie kassieren Ihre Rendite und haben genau, was Sie wollten: eine stabile Verzinsung Ihrer Investition.

In der Regel erwirtschaften etablierte Unternehmen mindestens die Inflationsrate, oft sogar mindestens 1–2 Prozentpunkte mehr als die Inflationsrate. Selbst wenn der Kurs stabil bleibt, steigt die Dividende damit jedes Mal weiter an.

Teuer verkaufen

Wenn der Kurs so hoch ist, dass ein Kursrückgang zu erwarten ist, könnten Sie verkaufen. Damit gewinnen Sie die erhöhte Rendite. Sie realisieren also den Gewinn Ihrer Investition in Risikoklasse C+.

Rechtzeitig aussteigen und auf einen erneuten Einstieg warten

Der Verkauf bringt für Sie auch eine gewisse Sicherheit. Wenn der Kurs zu hoch ist, kann dies einen bevorstehenden Crash oder Kursrückgang andeuten. Durch die Realisierung der Gewinne sind Sie bereit für einen erneuten Einstieg, wenn der Kurs wieder Ihrer gewünschten Rendite entsprechen sollte.

Wenn Sie investiert sind, dann gilt es, den Kurs sporadisch zu beobachten, am besten automatisch. Eigentlich sollten Sie nur informiert werden, wenn der Kurs unrealistisch hoch ist, so dass der Kurs fallen muss. Für diese Berechnung nutzen Sie die historischen Daten der Aktie. Diese Daten sind frei erhältlich.

Wenn Sie wollen, können Sie auch schon den Kursgewinn bei 10-15 % realisieren. Das entspricht der Wellenschnitt-Taktik aus der Dividenden-Hebel-Strategie. So sind Sie kürzer am Markt investiert und können den Zinseszins-Effekt für sich nutzen.

Aktienfonds kaufen immer

Bei einer Investition in Aktienfonds würden Sie weiterhin Aktien (der Fond kauft für Sie) kaufen, wobei in teuren Zeiten weniger Anteile erworben werden können. In günstigen Zeiten erhalten Sie wieder mehr Anteile. Der dadurch erzielte Mischkurs bringt eine gute Rendite.

Hinter dieser Überlegung steckt jedoch die Aussage, dass Sie die Entwicklung einer Aktie nicht wirklich gut vorhersagen können. Eine Streuung soll das Risiko minimieren.

Sie berechnen aber mit der Dividenden-Hebel-Strategie einen Rendite-Korridor von sehr erlesenen Aktien und damit auch Einstiegs- und Ausstiegskurse. Diese Kurse basieren auf historischen Werten – aber nicht auf Aktienkursen, sondern auf den vergangenen Renditen.

Ausstiegskurs an die Richtung anpassen

Den Ausstiegskurs sollten Sie je nach Situation etwas anpassen. Kommt die Wirtschaft gerade aus einem Crash, könnten Sie einen höheren Ausstiegskurs ansetzen, ansonsten einen niedrigeren. Der Ausstiegskurs soll verhindern, dass Sie kalt erwischt werden und die Aktie einen Kursverlust erleidet, während Sie noch investiert sind.

Nach einem Crash rappeln sich die Unternehmen wieder auf. Rechnen Sie damit, dass auch die Renditeerwartungen der Anleger etwas höher ausfallen und mehr Leute zu höheren Preisen kaufen werden.

Liegt eine größere Kurskorrektur schon länger zurück, also schon mehr als sechs Jahre, sollten Sie einen vorsichtigeren Ausstiegskurs wählen. Im Grunde genommen können Sie für jedes Jahr, ausgehend vom letzten Crash, den Ausstiegskurs etwas straffer ansetzen.

Wenn Sie sich unsicher sind, sollten Sie vermehrt die Wellenschnitt-Taktik einsetzen und Ihre Aktien schon nach 10–15 % Kursgewinn verkaufen.

Dividenden prüfen

Wenn ein extremer Fall eintrifft, der Ihre Rendite dauerhaft gefährdet, sollten Sie aktiv werden. Gegebenenfalls sollten Sie Ihre Bewertung erneuern. Diese Art von Nachrichten erhalten Sie auch aus der normalen Presse. Dazu müssen Sie nicht täglich den Börsenteil studieren.

Sicherheit und automatische Diversifikation

Mit der Dividenden-Hebel-Strategie sind Sie in einem Crash nicht komplett investiert. Sie besitzen nur wenige oder keine Aktien, da in der Regel keine Kandidaten für einen Kauf ermittelt werden konnten. Alle Aktien notieren zu einem für Sie zu hohen Kurs. Wichtig dafür ist das Beibehalten der errechneten Einstiegskurse.

Jedoch kann es auch sein, dass Sie einige Aktien immer noch im Portfolio haben, bevor ein Verkaufssignal ausgelöst wurde und eine Kurskorrektur einsetzt. In diesem Fall werden die Dividenden Ihren Kaufpreis reduzieren. Realisieren Sie nicht unüberlegt einen Kursverlust. Die Börse erholt sich wieder. Das hat sie bis jetzt immer getan.

Dadurch, dass Sie die Dividenden und eventuell einen Sparplan für Ihre Käufe nutzen, streuen Sie das Risiko zusätzlich mittels Diversifikation. Denn nicht immer erfolgt ein Signal zum Verkaufen, bevor ein anderer Kandidat seinen Einstiegskurs erreicht hat. In der Regel machen Sie keine einmalige Investition, sondern setzen immer wieder neues Geld ein.

Wenn der Einstiegskurs der anderen Kandidaten einlädt, werden Sie immer mehr verschiedene Aktien im Portfolio vereinen. Sie investieren nur in Werte, deren aktuellen Kurse eine Investition rechtfertigen. Damit erfolgt eine automatische Streuung Ihrer Investition.

Was Sie im vorigen Monat erworben haben, ist wahrscheinlich gerade wieder am Steigen, da Ihr Einstiegskurs in der Regel am unteren Ende des Kurs-Korridors der Aktie liegen. Die Rendite ist also sehr hoch. Somit wird diese Aktie auch von anderen Marktteilnehmern als interessant eingestuft und entsprechend gekauft, was wiederum den Kurs treibt.

Ihre Einnahmen setzen sich also aus den Dividenden, Gewinnen aus Aktienverkäufen und neu eingebrachtem Geld aus Ihrem Sparprogramm zusammen. Sie nutzen Ihre Einnahmen und einen eventuell vorhandenen Sparplan, um immer wieder neues Geld investieren zu können. Damit steigt Ihr Vermögen immer weiter an.

Analystenbewertungen als weiterer Sicherheitsfaktor

Ihre ausgewählten Kandidaten sollten etablierte Unternehmen sein. Diese Aktien werden in den wichtigsten Indizes gehandelt. Die Firmen sind so groß, dass ein Sturz dieser Firmen eine enorme Lücke in die Wirtschaft reißen würde.

Aus diesem Grund beobachten viele Interessenten diese Unternehmen. Ein Untergang des Unternehmens erfolgt in der Regel sehr langsam, so dass Sie genügend Zeit haben, diesen Untergang zu erkennen und rechtzeitig verkaufen können.

Da große Investoren und Spekulanten auf solche Unternehmen setzen, beobachten auch viele Analysten diese Aktien und studieren deren Geschäftsberichte genau. Extreme Unstimmigkeiten werden schnell entdeckt und veröffentlicht. Bei diesen großen Unternehmen können Sie sich also eine detaillierte Analyse sparen.

Sehr große Marktliquidität

Die ausgewählten Wertpapierkandidaten sind derart groß, dass auch andere Unternehmen und Fonds, Aktien in großen Mengen kaufen und auch wieder verkaufen können, ohne dass damit der Markt enorm beeinflusst wird. Das ist ideal für hohe Investitionen, da bei einem Ausstieg nicht gleich der Kurs in den Keller rutscht.

Halten Sie den Kurs-Korridor aktuell

Damit Ihre Einstiegs- und Ausstiegskurse stimmen, müssen Sie diese immer wieder anpassen. Diese Anpassungen erfolgen in der Regel mit der Ankündigung einer neuen Dividende. Die Aktualisierungen sind also nicht sehr zeitaufwendig.

Wenn Sie amerikanische Aktien beobachten, haben Sie eventuell pro Monat zwischen 1–3 Stunden Arbeit damit. Das Lesen von Nachrichten ist dabei schon berücksichtigt und sollte auf ein Minimum beschränkt werden.

Die Schritte zur Umsetzung der Strategie

Nochmal alle 7 Schritte zur sicheren Investition in Aktien in der Zusammenfassung.

1. **Wertpapierkandidaten ermitteln**
   Suchen Sie Aktien mit einer langen Dividenden-Historie, die beweisen, dass Finanzkrisen, das Unternehmen nicht zum Aussetzen der Dividende zwingt.

2. **Einstiegskurse ermitteln**
   Berechnen Sie einen Einstiegskurs auf Basis der durchschnittlichen maximalen Dividendenrenditen und der zuletzt gezahlten Dividende. Addieren Sie gegebenenfalls einen kleinen Puffer zu Ihrer Sicherheit dazu.

3. **Ausstiegskurse ermitteln**

   Ermitteln Sie einen optimalen Ausstiegskurs, bei dem die Dividendenrendite die durchschnittliche Mindestrendite erreicht. Ab diesem Kurs wird ein Kursrückgang sehr wahrscheinlich. Durch den Kursgewinn, aktivieren Sie Ihren Rendite-Turbo.

   Optional: Berechnen Sie sich die 10 % und 15 % Ausstiegs-kurse für ein vorzeitiges Aussteigen. Siehe Wellenschnitt-Taktik.

4. **Berechnete Kurse auf eine automatische Beobachtungsliste setzen**

   Setzen Sie Ihre berechneten Kurse auf eine Watchliste, die Sie automatisch beim Erreichen der Kurse informiert. Warten Sie entspannt auf das Eintreffen Ihrer Kurse.

5. **Handeln, wenn die Kurse erreicht sind**

   Prüfen Sie vor dem Kauf und Verkauf nochmal die aktuellen Umstände. Können Sie noch etwas warten und damit Ihre Rendite verbessern?

6. **Richten Sie sich einen Sparplan ein**

   Mit freien Mitteln können Sie in neu aufkommende Chancen investieren und diversifizieren dabei Ihr Portfolio. Das beschleunigt Ihre Kapitalbildung für die finanzielle Unabhängigkeit.

7. **Aktualisieren Sie Ihre Berechnungen nach den Dividendenzahlungen**

   Passen Sie Ihre Berechnungen für die Einstiegskurse und Ausstiegskurse nach jeder Dividendenzahlung an. Bei mehrfacher Dividende im Jahr können Sie die noch fehlenden Zahlungen hochrechnen.

Das Vorgehensmodell der Strategie

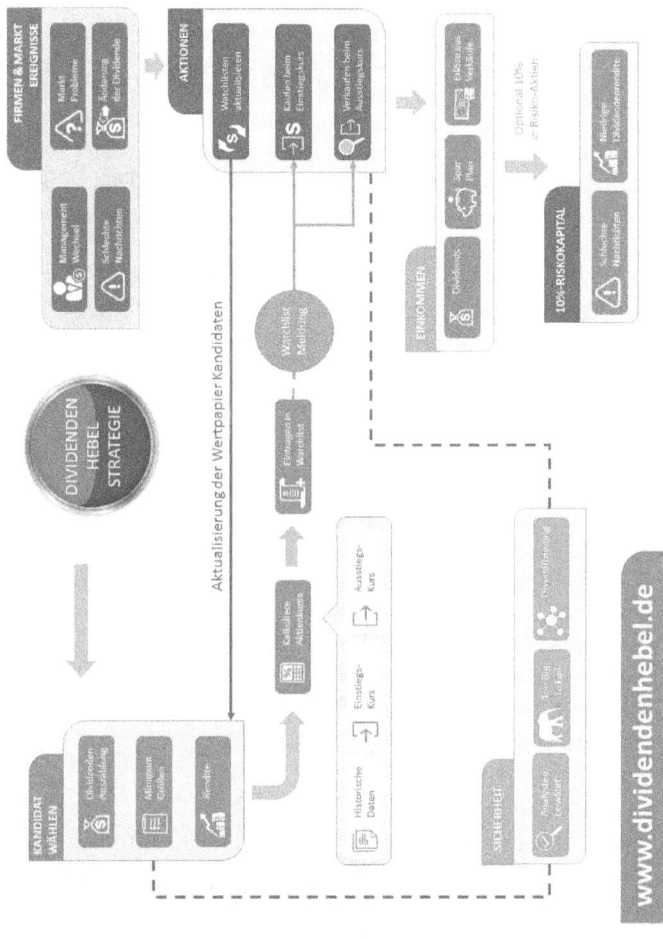

Holen Sie sich Ihre Infografik zum Buch auf der Webseite: **www.dividendenhebelbuch.de**. Sie erhalten diese Infografik zur Dividenden-Hebel-Strategie kostenlos als Download. Nutzen Sie die Grafik als Bildschirmhintergrund oder hängen Sie sich das Bild ausgedruckt an die Wand.

Die Dividenden-Hebel-Strategie basiert auf den Rendite-Korridoren sehr etablierter Aktien. Die Grundidee ist, in bewährte Aktien zu investieren, welche Dividenden zahlen. Dabei werden hohe Dividenden bevorzugt. Steigt der Kurs zu hoch, realisieren Sie den Kursgewinn.

Zielen Sie auf die Dividende und nehmen Sie den Kursgewinn mit. Damit ist die Dividende Ihr Sicherheitsnetz. Die Dividende ist also Ihre Mindestrendite.

7 einzigartige Schritte für ein erfolgreiches Aktieninvestment

1. Wertpapierkandidaten ermitteln

2. Einstiegskurse ermitteln

3. Ausstiegskurse ermitteln

4. Berechnete Kurse auf die Watchliste setzen

5. Handeln, wenn die Kurse erreicht sind

6. Richten Sie Ihren Sparplan ein

7. Aktualisieren Sie Ihre Berechnungen nach den Dividendenzahlungen

Hier ist nochmal eine Wiederholung der 7 Schritte.

1. Wertpapierkandidaten ermitteln

Sie wollen nur sehr wenig Zeit mit der Suche nach geeigneten Wertpapierkandidaten verbringen. Erstellen Sie eine Liste von geeigneten Kandidaten.

Online gibt es Stock-Screener. Das sind Online-Tools mit denen man börsennotierte Unternehmen anhand von Kennzahlen filtern kann. Ihre Liste sollte überschaubar bleiben. Ich selbst beobachte für die Dividenden-Hebel-Strategie derzeit etwa um die 40 Aktien.

Sie können die Liste später immer wieder anpassen. So kommen neue Kandidaten hinzu und alte werden ausgemustert.

2. Einstiegskurse ermitteln

Ermitteln Sie nun für jede Aktie die historischen Zahlen. Schnell und einfach geht dies bei *Google Finance, Yahoo! Finance* oder über die Webseiten der jeweiligen Börsenplätze.

Sie benötigen die Tiefstwerte und Höchstwerte pro Jahr für mindestens 5 Jahre. Besser noch sind 10 Jahre oder mehr. Zusätzlich brauchen Sie noch die ausgezahlten Dividenden pro Jahr.

Berechnen Sie für jedes Jahr die höchste Dividendenrendite. Teilen Sie dafür die Dividende durch den tiefsten Kurs pro Jahr. Danach berechnen Sie den Durchschnitt der Dividendenrenditen. Diesen Wert, mit einer leichten Anpassung durch Ihren Sicherheitspuffer, nutzen Sie als Kursziel für den Einstieg.

3. Ausstiegskurse ermitteln

Nutzen Sie für Ihre Berechnungen die Höchstkurse der Jahre. Damit errechnen Sie die niedrigste Dividendenrendite pro Jahr. Berechnen Sie anschließend den Durchschnittswert der ermittelten Renditen. Sie können auch schon früher aussteigen. Eine konservative Taktik ist die Wellenschnitt-Taktik, bei der Sie nach 10 bis 15 % Kursgewinn verkaufen.

4. Berechnete Kurse auf die Watchliste setzen

Suchen Sie sich einen kostenlosen Anbieter für Watchlisten im Internet. Ihr Online-Broker wird vermutlich ebenso eine Option dafür anbieten. In die Watchlisten können Sie Ihre Kurse eintragen. So erhalten Sie beim Erreichen Ihrer berechneten Kurse eine automatische Benachrichtigung.

5. Handeln, wenn die Kurse erreicht sind

Sobald Ihre überwachten Kurse erreicht wurden, können Sie handeln. Entweder Sie kaufen oder verkaufen, aber keine Schritte übereilen. Auf ein paar Cent mehr oder weniger kommt es nicht an. Prüfen Sie vor einem Kauf, warum der Einstiegskurs erreicht wurde. Schlechte Nachrichten?

6. Richten Sie Ihren Sparplan ein

Erst durch einen monatlichen Sparplan kommt richtig Bewegung rein. Richten Sie sich einen Dauerauftrag ein. Überweisen Sie monatlich Geld auf Ihren Broker-Account. Damit können Sie immer wieder neue erreichte Einstiegskandidaten kaufen.

Zusätzlicher Nebeneffekt ist eine Streuung Ihrer Investitionen. So haben Sie gleich mehrere Pferde im Rennen und verpassen keine Chance.

7. Aktualisieren Sie Ihre Kursberechnungen nach den Dividendenzahlungen

Jedes Mal, wenn die Dividenden ausgeschüttet oder angepasst werden, sollten Sie Ihre Zahlen aktualisieren. Berechnen Sie anhand der neuen Dividende Ihre neuen Ein- und Ausstiegskurse.

Hohe Renditen durch niedrigen Kaufpreis

Das Berechnen der Einstiegskurse bewahrt Sie davor, nicht zu teuer einzukaufen. So erhalten Sie Ihre Wunschrendite. Die Strategie selbst basiert auf empirischen Daten und kann jederzeit anhand von Daten aus der Vergangenheit geprüft werden. Folgen Sie den historischen Daten und spekulieren Sie nicht auf mögliche Gewinne in der Zukunft.

Schutz vor dem Crash

Die Strategie hilft Ihnen zu erkennen, welcher Aktienkurs überbewertet ist. Durch den rechtzeitigen Verkauf dieser Aktien erzielen Sie einen höheren Gewinn, als die Dividenden Ihnen einbringen könnten. Es ist besser, zu früh zu verkaufen, als einen Verlust hinzunehmen.

Ziel ist es, *nicht* auf fahrende Züge aufzuspringen und rechtzeitig den Zug wieder zu verlassen. Die Strategie schützt Sie also auch vor einem Börsencrash. Nebenbei realisieren Sie mit dem Ausstieg auch einen guten Kursgewinn.

Bei einem Crash sind Sie also rechtzeitig draußen. Die errechneten Einstiegskurse verhindern einen Einstieg in überteuerte Aktien, denn die hohen Aktienkurse verhindern, dass Sie erneut einsteigen können. Kommt dann der Crash, stehen Sie mit liquidem Kapital bereit, gute und sehr günstige Aktien zu erwerben.

Da Sie nur auf etablierte Unternehmen setzen, bietet Ihnen die Dividenden-Hebel-Strategie 3 Vorteile.

Vorteile der Dividenden-Hebel-Strategie

● Sichere Rendite mittels Kauf zu Niedrigstpreisen etablierter Unternehmen

● Gewinnmöglichkeiten wie bei einer Spekulation durch den Kursgewinn

● Schutz der Investitionen vor einem Crash durch historisch untermauerte Ausstiegskurse

Checkliste für Ihre Wertpapierkandidaten

1. Bestimmen Sie die Wertpapierkandidaten

2. Ermitteln Sie die historischen Dividenden

3. Ermitteln Sie die jährlichen Tiefst- und Höchstkurse

4. Berechnen Sie die durchschnittlichen Renditen

5. Berechnen Sie die Einstiegskurse

6. Bestimmen Sie die Ausstiegskurse

7. Setzen Sie Ihre Kurse auf die Watchliste

8. Überprüfen Sie die errechneten Kurse nach Bekanntgabe einer neuen Dividende

Kapitel 3

Schritt 1 - Ermitteln der Wertpapierkandidaten

Wichtige Kennzahlen erklärt

Einige Kennzahlen sollten Sie kennen. Es folgt eine kurze Übersicht der Kennzahlen, welche wichtig für die Dividenden-Hebel-Strategie sind. Für eine richtige Wertpapieranalyse benötigen Sie noch mehr Kennzahlen.

Da die Dividenden-Hebel-Strategie nur sehr große Unternehmen nutzt, können Sie getrost auf einige Tests und Überprüfungen verzichten. Denn diese Arbeit wird von den Analysten und Börsendiensten für Sie erledigt. Lesen Sie hierzu das Kapitel über „große Unternehmen".

Dividende

Die Dividende ist die wichtigste Kennzahl. Prüfen Sie, ob das Unternehmen jahrelang und ohne Unterbrechung die Dividende gezahlt hat. Geraden in Krisenzeiten sollte die Dividende weiterhin gezahlt worden sein.

Viele deutsche Unternehmen zahlen die Dividenden jährlich. Amerikanische Aktien zahlen die Dividende oft über das Jahr verteilt aus. In der Regel alle 3–4 Monate. Damit bieten amerikanische Aktien einen Vorteil. Sie können die erhaltene Dividende früher wieder ins Rennen schicken.

Dividend Yield, Rendite

Die gezahlte (oder geplante) Dividende, geteilt durch den Aktienkurs, ergibt die Dividendenrendite. Sie gibt Ihnen die Verzinsung Ihrer Investition an.

Entspricht die Rendite Ihren Erwartungen, dann können Sie einen entsprechenden Einstiegskurs berechnen. Kaufen Sie nur, wenn dieser Einstiegskurs erreicht wird.

Cashflow

Der Cashflow beschreibt den Saldo der Zahlungseingänge und Zahlungsausgänge. Damit erkennen Sie, ob das Unternehmen genügend Geldeingang produziert, um alle Rechnungen und die Dividende zu zahlen.

Gewinne können leicht durch buchhalterische Tricks angepasst werden. Der Cashflow kann nur sehr viel schwerer manipuliert werden. Wenn ein Unternehmen nicht genügend Mittel hat, um seine laufenden Ausgaben zu decken, ist es insolvent. Egal wie viele Wertgegenstände es besitzt.

Es gibt 3 Cashflow-Werte:

- **Operativer Cashflow**
  Der Cashflow aus der laufenden Geschäftstätigkeit ist das Ergebnis aller zahlungswirksamen Geschäftsvorfälle.

- **Cashflow aus Investitionstätigkeit**
  Ist der operative Cashflow zuzüglich außerordentlichen Zahlungen. Ein Unternehmen kann auch Aktien und andere Wertpapiere halten, sofern das nicht dem Geschäftsmodell entspricht.

- **Cashflow aus Finanzierungstätigkeit**
  Ist der Cashflow aus den Investitionen zuzüglich der Kreditbeträge.

Cashflow-Ermittlung

+/- Forderungen

+/- Verbindlichkeiten aus Lieferungen und Leistungen

1. Cashflow aus Geschäftstätigkeit (operativer Cashflow)

   + Einzahlungen aus Anlagenverkäufen

   - Auszahlungen für Anlagenkäufe

2. Cashflow aus Investitionstätigkeit

   + Einzahlungen Eigenkapital

   - Auszahlungen an die Eigentümer (Dividenden etc.)

   + Einzahlungen durch Kredite

   - Auszahlungen für Kredite

3. Cashflow aus Finanzierungstätigkeit

   + Finanzmittelbestand am Jahresanfang

= Finanzmittelbestand am Jahresende

Aktueller Aktienkurs

Was der aktuelle Markt bereit ist, für die Aktie zu bezahlen, wird durch den aktuellen Kurs an der Börse verkörpert. Dieser Preis ist eine Momentaufnahme der Gefühle und Erwartungen der Marktteilnehmer über diese Aktie.

In der Regel reflektiert der aktuelle Aktienkurs selten den reellen Wert einer Investition. Warten Sie auf das Eintreffen Ihrer berechneten Einstiegskurse, bevor Sie eine Investition tätigen. Verpassen Sie lieber eine Investition, als dass Sie damit Geld verlieren.

Der Markt neigt zu Übertreibungen. Unwichtige Nachrichten haben oft einen hohen Einfluss auf den aktuellen Aktienkurs. Genauso schnell wie der Markt auf eine Nachricht reagiert, kann der Kurs sich auch wieder drehen.

Gerade „politischen Börsen" sagt man kurze Beine nach. Das bedeutet, dass eine Kurskorrektur, bedingt durch politische Nachrichten, oft nicht lange genug anhält und die Richtung des Kurses sich schnell wieder dreht.

Achten Sie weniger auf die aktuellen Nachrichten von der Börse. Sonst werden Sie nur unruhig. Der Kurs kann schwanken, doch Sie investieren in die ewige Rente. Die ewige Rente ist die Dividende, die Sie für Ihr Investment erhalten. Auch wenn der Kurs schwankt, erhalten Sie Ihre geforderte Rendite.

Der Kurs kann Ihnen eigentlich egal sein, solange das Unternehmen die entsprechenden Dividenden zahlt und Sie nicht verkaufen müssen. In der Regel werden die etablierten Unternehmen die Dividende steigern. Denn um am Markt zu bestehen, müssen diese Unternehmen einen Überschuss erwirtschaften, der für das weitere Wachstum aufgewendet werden kann und die Inflation ausgleicht.

Jährlicher Höchstkurs

Der höchste Kurs in einem Jahr, den der Aktienkurs erreicht hat, ist der Höchstkurs. Dieser dient Ihnen zur Berechnung der maximalen Grenzen des Kurs-Korridors. Für die Berechnungen nehmen Sie den Höchstkurs und den jährlichen Dividenden-Betrag des gleichen Jahres. Im Zusammenhang mit der Dividende für den betrachteten Zeitraum erhalten Sie so einen Eindruck, was der Markt in der Regel für die Dividendenrendite als Schmerzgrenze ansieht. Ab dieser Dividendenrendite fällt der Kurs wieder.

Ab diesem Punkt könnten Sie Ihre Investition verkaufen, da der Kurs an einem Wendepunkt angelangt ist. Die Wahrscheinlichkeit steigt an, dass der Kurs wieder nachgibt. Wenn der Markt sich nach einem Crash erholt, können Sie einen höheren Kurs ansetzen, damit Sie nicht zu früh verkaufen, denn der Markt erholt sich gerade.

Je mehr Jahre nach dem Crash vergangen sind, desto konservativer sollten Sie mit dem Ausstiegskurs sein. Lieber einmal mehr aussteigen, als dass Sie der Crash voll erwischt. Die freien Geldmittel investieren Sie dann erneut, sobald alle Kurse am Boden liegen. Dann kommt Ihre Stunde als Investor.

Jährlicher Tiefstkurs

Der niedrigste Kurs in einem Jahr, den der Aktienkurs erreicht hat, ist der Tiefstkurs. Dieser dient Ihnen zur Berechnung der maximalen Grenzen des Kurs-Korridors. Für die Berechnungen nehmen Sie den Tiefstkurs und den jährlichen Dividendenbetrag des gleichen Jahres. Im Zusammenhang mit der Dividende für den betrachteten Zeitraum erhalten Sie so einen Eindruck, was der Markt in der Regel für die Dividendenrendite als Schmerzgrenze ansieht. Ab dieser Dividendenrendite steigt der Kurs wieder. Ab diesem Kurs könnten Sie kaufen, da Sie dabei wahrscheinlich die höchste Rendite erhalten werden. Die Rendite muss Ihren Erwartungen entsprechen.

Der Dividenden-Korridor kann für jede Aktie berechnet werden, doch macht es nicht immer Sinn, diesen auch zu nutzen. Wenn eine Aktie einen Dividenden-Korridor von 1 %–1,5 % aufweist, dann können Sie eine bessere Rendite mit einer anderen Aktie erhalten.

Eine sehr niedrige Rendite hat einen enormen Hebel auf den Aktienkurs. Damit bewegen Sie sich fast schon im spekulativen Bereich. Für solche Kandidaten könnten Sie Ihr 10 %-Risikokapital einsetzen. Suchen Sie höhere Dividenden für ein geringeres Risiko. Sie erhalten dennoch einen Hebel auf den Aktienkurs, nur nicht mehr so stark.

P/E-Ratio, Kurs-Gewinn-Verhältnis

Das Kurs-Gewinn-Verhältnis (KGV, engl. P/E-Ratio, also Price-Earnings-Ratio) ist ein guter Indikator, um die allgemeine Situation der Aktien einzuschätzen.

Um eine aussagekräftige Bewertung für den Kandidaten zu erhalten, müssen Sie das KGV von verschiedenen Aktien in der gleichen Branche vergleichen. Interessant ist hier, inwieweit die untersuchte Aktie vom Schnitt der anderen abweicht.

Dieser Wert schützt Sie aber nicht davor, kurz vor einem Crash zu investieren. Wenn alle Kurse hoch sind, dann ist in der Regel auch die Branche selbst recht hoch bewertet.

Liegt aber ein Kandidat deutlich höher oder niedriger als die anderen, sollten Sie dies untersuchen. Sehen Sie sich die letzten Nachrichten zu dieser Aktie an.

Das Prüfen von Nachrichten für einen bestimmten Zeitpunkt im Kursverlauf kann kostenfrei und sehr einfach gemacht werden mit *www.google.com/finance*.

Book Value, Buchwert

Der Buchwert pro Aktie versucht einen realistischen Marktwert des Unternehmens zu liefern. Dabei werden die Anlagegüter und Bestände berücksichtigt.

Der Wert eines Unternehmen wird so berechnet, als würde das Unternehmen alle Besitztümer zu aktuellen Marktpreisen verkaufen. Er gibt also den minimalen Betrag an, den man benötigt, um eine ähnliche Firma aufzubauen.

Der Buchwert ist interessant, aber in der Regel sehr unrealistisch. Sollte es zu einem Notverkauf kommen, werden viele Besitztümer unter dem Marktwert verkauft. Denn die Käufer sind oft nicht bereit, Marktpreise zu zahlen und werden einen deutlichen Abschlag verlangen – vor allem bei der Auflösung einer Firma.

Dazu gibt es auch Anlagen, die nicht so einfach verkauft werden können, da niemand direkt etwas damit anfangen kann. Zum Beispiel spezielle Konstruktionen oder Raffinerie-Anlagen.

Liegt der Aktienkurs unter dem Buchwert, kann dies auf eine gute Gelegenheit hindeuten. Es lohnt sich, nach dem Grund des niedrigen Kurses zu suchen. Vielleicht wurden wertvolle Besitztümer verkauft und sind noch nicht in den aktuellen Kennzahlen erfasst.

Nicht immer sind alle verfügbaren Daten aktuell. Gerade Kennzahlen, welche durch aufwendige Berechnungen unter Berücksichtigung der Firmendaten entstehen, hinken meist etwas hinterher. Die Analysten müssen teils auf die Veröffentlichung der tatsächlichen Unternehmensberichte warten.

Earnings per Share, Gewinn pro Aktie

Die Gewinne pro Aktie sind gute Indikatoren für die Dividendenzahlungen. In der Regel halten sich die großen Unternehmen an selbst auferlegte Quoten für die Dividende. Diese Ausschüttungsquoten werden in der Hauptversammlung bestimmt.

Damit ist gemeint, dass ein Unternehmen vorab festlegt, wie viel vom Gewinn als Dividende ausgeschüttet wird. In der Regel wird dies nur in extremen Krisen kurzfristig angepasst. Die Aktionäre müssen dem zustimmen.

Hier können Sie sich auf die Großaktionäre verlassen, welche auf die Dividendenzahlungen angewiesen sind. Die sorgen schon dafür, dass es korrekt abläuft. Das funktioniert nur bei sehr großen Unternehmen, da alle Augen auf die Daten gerichtet sind und gleich mehrere Großaktionäre verhindern wollen, übervorteilt zu werden.

Return on Shareholder Equity, Eigenkapital-Rendite

Die Eigenkapitalrendite gibt an, wie hoch der prozentuale Anteil vom Gewinn auf das Eigenkapital ist. Hier kann das Unternehmen die Kennzahlen leicht manipulieren, in dem es das Eigenkapital entsprechend buchhalterisch senkt oder erhöht. So kann durch Aufnahme von Fremdmitteln die Eigenkapital-Quote verändert werden und damit auch die Eigenkapitalrendite anders ausfallen.

Während kleinere Unternehmen mit der Anpassung am Eigenkapital Änderungen mit Auswirkungen vornehmen können, ist das bei sehr großen Unternehmen jedoch etwas schwieriger. Sehr große Unternehmen bewegen sich nur sehr langsam.

Es macht einen enormen Unterschied aus, ob man das Eigenkapital bei 100 Milliarden oder bei einer Million um 10 % anpassen möchte.

Achten Sie hier auf die Kontinuität der vergangenen Jahre. Sie können das Eigenkapital auch auf starke Veränderungen hin untersuchen. Meist ist dies durch die unzähligen Analysten jedoch schon abgedeckt.

Fremdkapital

Das Fremdkapital sind die Schulden eines Unternehmens. Das Eigenkapital plus dem Fremdkapital ergibt den Bilanzwert. Das bedeutet, dass alles, was die Firma besitzt, entweder durch Fremdkapital oder durch Eigenkapital bezahlt wurde.

Ein zu hohes Fremdkapital ist gefährlich. Sollten die Schuldzinsen plötzlich steigen, sinken die Gewinne. Das Unternehmen kann auch sehr schnell in Zahlungsschwierigkeiten geraten, wenn die Schulden plötzlich zurückgezahlt werden müssen.

Das Unternehmen sollte weniger als 45 % Fremdkapital nutzen. Fremdkapital geteilt durch den Bilanzwert ergibt die Fremdkapitalquote. Das Fremdkapital verzehrt immer einen Teil vom Gewinn, da Schuldzinsen bezahlt werden müssen.

Das Fremdkapital kann mehr Gewinn bringen, wenn die Zinsen der aufgenommenen Schulden geringer sind als der zusätzliche Gewinn, den man mit den Schulden machen kann.

Revenue, Umsatz

Wenn der Umsatz nicht steigt, wird es schwierig, den Gewinn langfristig zu erhöhen. Einsparungen sind zwar immer eine Möglichkeit, mehr Gewinn zu erzielen, doch oft können große Unternehmen nur durch weiteres Wachstum mehr Gewinn erzielen.

Der Umsatz sollte mindestens gleich bleiben, am besten sogar steigen. Denn das Unternehmen kämpft auch gegen die Inflation. Schon deshalb sollte es mindestens 1–3 Prozentpunkte über der Inflationsrate erwirtschaften.

Jahrelange Umsatzrückgänge deuten auf ein sterbendes Unternehmen hin. Scheinbar setzt das Unternehmen auf den Vertrieb vorhandener Produkte, statt neue Innovationen auf den Markt zu bringen.

Die Konkurrenz wird solche Unternehmen überholen und damit auch bald verdrängen. Seien Sie bei solchen Unternehmen sehr vorsichtig.

Ein anderer Grund für zurückgehende Umsätze können auch Umstrukturierungen des Unternehmens sein. Hier sollten Sie vorsichtig sein, da die Berechnungen für die Kurse nicht mehr so einfach sind. Eventuell setzen Sie einen Wertpapier-Kandidaten aus, bis sich der Umsatz stabilisiert hat und wieder steigt. Der Aktienmarkt straft Unternehmen mit anhaltendem Umsatzrückgängen stark ab.

Auswahlkriterien für Ihre Aktien

Damit Sie die richtigen Aktien identifizieren können, benötigen Sie einen Grundfilter. Dieser Grundfilter hilft Ihnen aus der Unsumme an möglichen Aktien, die für Sie interessanten Aktien zu ermitteln. Welche möglichen Kriterien Sie für Ihren Grundfilter nutzen sollten, erkläre ich Ihnen etwas später.

Rendite-Korridor für die Ermittlung der Einstiegs- und Ausstiegskurse

Damit Sie den Rendite-Korridor berechnen können, müssen die Unternehmen eine Dividende zahlen. Am besten schon seit Jahrzehnten, aber mindestens seit 10 Jahren. Ansonsten erhalten Sie nicht genügend statistisch korrekte Zahlen für eine verlässliche Berechnung des Kurs-Korridors. Berechnen Sie für jede Ihrer gefilterten Aktien den Rendite-Korridor. Damit erhalten Sie Ihre Einstiegs- und Ausstiegskurse für jede einzelne Aktie.

Diese Kurse stellen Ihre Aktienkurs-Limits dar. Die ermittelten Kurse könnten Sie in einer der vielen Finanz-Webseiten eintragen und automatisch beobachten lassen. Der Rendite-Korridor hilft Ihnen auch, Ihre Kandidaten in zwei Kategorien einzuteilen.

2 Kategorien

- 10%-Risikokandidaten
- Normale Investment-Kandidaten

Minimale Kriterien für Aktien

Die folgenden Kriterien sollten Sie als Minimum-Kriterien ansehen. Die Erfüllung dieser Anforderungen ist ein Muss für jede beobachtete Aktie.

Jeder Wertpapierkandidat muss also mindestens folgende Eigenschaften aufweisen:

- Das Unternehmen ist *keine* Bank
- Sie verstehen die Produkte des Unternehmens

- Die Aktie ist seit einigen Jahren im wichtigsten Index des Landes (DAX, Dow Jones etc.) gelistet

- Die Dividenden werden seit 10 Jahren gezahlt

- Lückenlose Dividendenzahlung über mindestens eine Finanzkrise hinweg (2000, 2007)

- Mehr als 10 Jahre auf dem Markt

- Mehr als 10 Milliarden Euro Marktkapitalisierung

- Steigende Umsätze in den letzten 5 Jahren

- Steigende Gewinne in den letzten 3–5 Jahren

- Steigende Dividenden in den letzten 3–5 Jahren oder mindestens gleichbleibend

- Ein Fortbestehen des Unternehmens ist anzunehmen

Diese Liste stellt nur einen Vorschlag dar. Ausgehend von Ihrer Liste mit den potenziellen Aktienkandidaten können Sie nun die Auswahl nochmal reduzieren. Wenn Sie zu viele Aktien damit ermitteln, können Sie die Zahlenwerte entsprechend erhöhen und so Ihre Liste weiter reduzieren. Eine Liste mit etwa 40 Kandidaten hat sich für mich bewährt. Sie können auch mehr oder weniger Aktien beobachten.

Bewerten Sie nun Ihre Aktien. Aktien mit einer Dividendenrendite von unter 3 % sind 10%-Risikokandidaten. In diese Aktien sollten Sie maximal 10 % Ihres Kapitals investieren.

Der untere Bereich des Rendite-Korridors sollte stabil wirken

Aktien mit einem stark schwankenden Rendite-Korridor sind schwer einzuschätzen. Die Schwankungen werden oft durch größere Anpassungen im Unternehmen oder an den Produkten hervorgerufen. Diese Kandidaten könnten Sie ausmustern. Eventuell fügen Sie diese später wieder hinzu, wenn der Rendite-Korridor sich auf die neue Situation eingestellt hat.

Optimale Einstiegskurse erhalten Sie mit einigermaßen stabilen Rendite-Korridoren. Dabei müssen nicht beide Werte stabil sein. Es reicht aus, wenn Sie mit einem stabilen Wert für die maximale Dividendenrendite arbeiten. Dabei reichen Tiefstkurse für 5 Jahre aus.

Die Stabilität ist schwer zu beschreiben. Sie werden später für den Einstiegskurs einen Durchschnittswert für die maximale Dividendenrendite errechnen. Stabilität ist gegeben, wenn die Dividendenrenditen sich nahe an den Prozentpunkten halten.

Dabei müssen Sie beachten, dass Dividendenrenditen unter 3 % einen starken Hebel auf den Aktienkurs haben. Hier sollten Sie die Grenzen enger ziehen.

Einige Kandidaten werden Karteileichen

Alle zuvor genannten Kriterien für die Auswahl von Aktien liefern Ihnen eine mehr oder weniger große Liste an möglichen Kandidaten. Einige Ihrer Kandidaten werden für ein lohnendes Investment aktuell zu teuer sein. Das ist in Ordnung. Sie warten ab, bis der Markt sich zu Ihren Gunsten verändert. Einige der Aktien werden wahrscheinlich nie von Ihnen gekauft werden, andere wiederum nur sehr selten, meist nach einem Crash oder einem größeren Ereignis.

Bei circa 30–40 Aktien in Ihrer Auswahl werden Sie dennoch genügend Aktien haben, die eine Investition ermöglichen. Sie können sich Karteileichen erlauben. Hier ist Geduld sehr von Vorteil und macht sich immer bezahlt. Gerade nach einer Kurskorrektur kann es Ihnen passieren, dass diese Kandidaten zu einem sehr guten Preis zu haben sind.

Auch nach einer weiteren Verschärfung Ihrer Filterkriterien werden immer noch Aktien übrig bleiben, die Ihren Ansprüchen genügen.

Einengende Kriterien

- Unternehmen ist allgemein bekannt:
Es gibt sehr große börsennotierte Unternehmen, welche in der breiten Öffentlichkeit kaum bekannt sind. Auch wenn man das Geschäftsmodell versteht und die Produkte einschätzen kann, besteht die Gefahr, dass im Falle einer Unternehmenskrise, die breite Öffentlichkeit kein Interesse hat, dieses Unternehmen zu retten, damit dann eventuell auch die Politik nicht.

- Unternehmen wird nicht gehasst

- Unternehmen ist international ausgerichtet

- Keine Unternehmen aus der Finanzbranche

- Versicherungen sind willkommen

- Keine staatlich kontrollierten Unternehmen

- Aktie ist schon längere Zeit im wichtigsten Index des Landes

- Der Index spielt in Börsennachrichten eine Rolle (DAX, Dow Jones, Nasdaq, FTSE, etc.)

- Unternehmens-Neuausrichtung findet nicht mehr als 50 % in einer neuen Branche statt

- Heben Sie die minimale Marktkapitalisierung an:
Je nachdem wie viele Kandidaten Sie haben, können Sie den Wert auf 20 oder 50 Milliarden setzen. Versuchen Sie, genügend Kandidaten für ein Investment pro Jahr zu behalten.

- Ihre Anforderung an die minimale Marktkapitalisierung, muss auch mit dem Einstiegskurs erreicht werden:
Multiplizieren Sie den Einstiegskurs mit der Anzahl ausstehender Aktien. Dieser Wert sollte auch über der minimalen Marktkapitalisierung liegen. Wenn Sie mehr als 10 Milliarden als Mindestgrenze wählen, können Sie dies etwas vernachlässigen. Es geht darum, in sehr große Unternehmen zu investieren, deshalb diese Schutzmaßnahme.

Bevorzugen Sie Investitionen mit hohen Renditen

Grundsätzlich sollten Sie alle Kandidaten betrachten. Wenn Aktien mit einer höheren Rendite zur Auswahl stehen, sollten Sie diese bevorzugen. Sie suchen ja eine Investition und nicht eine Spekulation. Das verstärkt Ihr Sicherheitsnetz.

Spekulieren Sie nicht mit Ihren Kandidaten

Die später errechneten Einstiegs- und Ausstiegskurse sollen nicht zum Spekulieren genutzt werden. Gehen Sie ein Investment nicht mit dem Ziel ein, den Ausstiegskurs zu erreichen. Es besteht die Gefahr auf der Aktie sitzen zu bleiben. Darum sollte die Dividende stimmen, ansonsten sollten Sie nicht kaufen. Das hindert Sie aber nicht daran, die Wellenschnitt-Taktik gezielt einzusetzen. Aber vorrangig sollte die Ausrichtung auf die Dividende sein.

Erstaunlich viele Aktien zahlen seit mehreren Jahren kontinuierlich hohe Renditen. Diese Kandidaten sind Ihre erste Wahl. Aktien mit Renditen unter 3 % haben einen hohen Hebel auf die Aktienkurse und sind 10%-Risikokandidaten. Besitzen Sie nicht zu viele davon.

Sie müssen das Produkt verstehen

„Kaufen Sie Anteile eines Unternehmens, weil sie zu den Besitzern gehören möchten, nicht weil sie wollen, das der Aktienkurs steigt." – *Warren Buffet*

Wenn Sie das Produkt des Unternehmens verstehen, können Sie auch eine Einschätzung der zukünftigen Situation des Unternehmens abgeben.

Der Kodak-Schlaf

Kodak war mehr als 100 Jahre im Geschäft, dann ging es pleite. Doch das kam nicht plötzlich. Vielmehr hatten die meisten Verbraucher schon gespürt, dass es eng wird für *Kodak*. Ohne die Aktien auch nur zu prüfen, ohne die Bilanzen zu lesen, hätten viele *Kodak* eine schlechte Zukunft vorhergesagt.

Warum bin ich mir so sicher? Prüfen Sie sich selbst. Als die Digitalkameras herauskamen hat Kodak nicht richtig mitgezogen. Überall gab es Digitalkameras zu kaufen. Jede große Marke hat mitgezogen, doch von *Kodak* gab es nichts Richtiges auf dem Markt. Vielmehr hat sich *Kodak* auf die alten Produkte konzentriert und den Wandel in der Welt des Films und der Fotos ignoriert.

Jedem war doch klar, dass der normale Film bald nicht mehr nachgefragt würde, zumindest im privaten Bereich, also für die Millionen von normalen Kunden.

Dabei hatte *Kodak* mehr als einige Jahre Zeit zum Handeln. Der Umschwung auf die digitale Fotografie ging sehr langsam. Die Menschen kauften immer weniger Filme. Das geschah nicht von heute auf morgen, das war ein schleichender Prozess. Die digitalen Kameras wurden ständig besser und vor allem auch günstiger. Fotos wurden immer öfters mit einer digitalen Kamera gemacht.

Spätestens als die digitalen Kameras in den mobilen Telefonen mit dem Kleinbildformat mithalten konnten, sollte es wirklich jeder verstanden haben. Der klassische Fotofilm war für den Massenmarkt tot.

Tragisch hierbei: *1975 wurde die erste tragbare Digitalkamera von Kodak hergestellt. Man hat auch versucht, sich im digitalen Markt zu etablieren, doch leider ohne Erfolg.*

Einschätzung eines Unternehmens nur durch Verständnis der Produkte möglich

Oft zählt hier Ihr Bauch mehr als irgendeine Bewertung eines Analysten. Dieses Bauchgefühl kommt aber nur, wenn Sie verstanden haben, wie das Unternehmen sein Geld verdient.

Mit diesem Verständnis können Sie einschätzen, ob das Produkt weiterhin eine Zukunft haben wird. Und zwar deshalb, weil Sie das Produkt oder den Service sehen, vielleicht sogar selbst nutzen.

Natürlich werden Sie nicht immer richtig liegen. Darum sollten Sie auch verstärkt auf ein negatives Gefühl achten. Sollten Sie hierbei falsch liegen, haben Sie nichts verloren. Es ist besser, ein Investment zu verpassen, als Verluste damit zu machen.

Man muss nicht alle Produkte verstehen

Wir verstehen von Vielem nichts. Das ist in Ordnung. Es gibt genug Firmen, deren Produkte verständlich für Sie sind. Jede Person ist unterschiedlich und versteht und interessiert sich auch für verschiedene Produkte.

Wenn Sie das Produkt nicht richtig einschätzen können, dann quälen Sie sich nicht. Ignorieren Sie das Unternehmen und deren Aktie. Es gibt genügend andere Unternehmen in die Sie investieren können.

Warum nur große Aktien betrachten?

Mit großen Aktien sind Unternehmen gemeint, die aufgrund Ihrer Marktkapitalisierung, also Anzahl der ausgegeben Aktien multipliziert mit dem aktuellen Aktienkurs, mehr als 10 Milliarden Euro Wert sind. Zusätzlich sollten diese Unternehmen mindestens 10 Jahre aktiv im Geschäft sein.

Heute, in 2017, sind 10 Milliarden Euro, Dollar oder Schweizer Franken keine großen Summen mehr. Viele Unternehmen haben eine Marktkapitalisierung von 50 Milliarden und noch viel mehr. Ich rate Ihnen, die Mindestgrenze für Ihre Marktkapitalisierung eher auf 50 Milliarden zu legen. Je nach dem wie viele Wertpapiere Sie beobachten, können Sie die Anforderung an die Marktkapitalisierung anpassen und die Größe Ihrer Liste überschaubar halten.

Zu groß, um von heute auf morgen zu verschwinden

Unternehmen mit einem großen Wert an Marktkapitalisierung verschwinden nicht von heute auf morgen. Zu viele Angestellte, zu viele Zulieferer und Kunden sind von diesem Unternehmen abhängig.

Je länger diese Unternehmen im Geschäft sind, desto mehr Finanzkrisen mussten überstanden werden. Die Größe wurde oft über Jahrzehnte erarbeitet. Das waren lehrreiche Jahre des Erfolgs und Misserfolges. Sie können also davon ausgehen, dass das Management eine Kultur entwickelt hat, die das Unternehmen auch weiterhin vorantreibt.

Große Unternehmen sind attraktiv

Große und erfolgreiche Firmen ziehen gute Mitarbeiter an. Zum einen können diese Unternehmen gute Gehälter zahlen und bieten auch zusätzliche Leistungen an, zum anderen besitzen diese Unternehmen oft hohe Marktanteile und schützen diese mit enormen Marketinganstrengungen, die sich die Konkurrenten kaum leisten können.

Natürlich schützt Größe allein nicht vor Fehlern, doch haben die meisten Fehler eher eine schleichende Auswirkung auf das Unternehmen. So langsam, dass Sie diese Fehler rechtzeitig mitbekommen und entsprechend Ihre Konsequenzen ziehen können. Sollten die Umsätze und die Gewinne stetig abnehmen, sollten Sie sich von diesem Wertpapier verabschieden. Es gibt genügend andere Kandidaten. Gehen Sie keine unnötigen Risiken ein.

Zu wichtig, um Fallen gelassen zu werden

Eine repräsentative Zahl für die Wichtigkeit eines Unternehmens ist der Anteil an zugekauften Teilprodukten. Diese Teilprodukte und Ressourcen werden durch das Unternehmen zum eigentlichen Produkt zusammengesetzt.

Ein guter Indikator für die Wichtigkeit ist also die Anzahl der Zulieferer. Wenn der Anteil an Fremdprodukten und zugekauften Teilprodukten an den eigenen Produkten sehr groß ist, dann ist das Interesse der Zulieferer auch entsprechend groß. Diese Zulieferer werden zu Mitbetroffenen. Sollte das Unternehmen in Schwierigkeiten geraten, können die Zulieferer Einfluss auf ihre Politiker nehmen, etwas zu unternehmen. Unter Umständen sind ganze Regionen betroffen und damit auch die Menschen, die dort leben. Dieser soziale Druck kann hilfreich sein.

Wenn viel Geld verloren werden kann, dann sind auch meist große Investoren betroffen. Diese Investoren haben das Geld für Lobbyarbeit. Somit haben diese Investoren ebenfalls einen kleinen Einfluss auf die Politik.

Die betroffenen Investoren (Firmen und Private) wollen Ihre Investitionen geschützt wissen. Notfalls mit Gewalt und auf Kosten der Allgemeinheit. Als Beispiel dient Ihnen hier jede Rettungsaktion in der Vergangenheit seitens der Politik. Diesen Schutz erhalten Sie als Investor in sehr große Unternehmen umsonst, denn Sie hängen sich einfach dran.

Warum sollten Sie das Risiko eingehen, dass nicht genug stimmkräftige Interessenten vorhanden sind, um das Unternehmen zu retten, in das Sie investiert haben? Eine Sorge weniger. Denn Sie sollten nur geringe Risiken eingehen und dennoch eine maximale Rendite fordern.

Zu groß, um Fallen gelassen zu werden

Sehr große Unternehmen haben in der Regel auch sehr viele Mitarbeiter. Schon auf Grund der vielen Mitarbeiter, also Wähler, wird die Regierung oder gar Regierungen verschiedener Länder einspringen und aushelfen.

Der Kampf gegen die Pleite der *Opel AG* wurde in Deutschland durch die Politik unterstützt. Die *Commerzbank* wurde ebenfalls vom Steuerzahler gerettet. Sehr große Unternehmen sind oft als *systemrelevant* eingestuft und werden dann mit Steuergeldern gerettet. Denn ein Sturz solcher Unternehmen zieht einen zu großen Rattenschwanz nach sich. Eine Rettung oder Protektion von außen ist sehr wahrscheinlich. Diesen Schutz erhalten Sie kostenfrei.

Alle Augen blicken auf die Firmendaten

Da große Unternehmen auch viele Investoren, also Aktionäre, haben, werden diese Unternehmen auch mit Argusaugen beobachtet. Das Interesse am aktuellen Zustand des Unternehmens ist sehr groß.

Die Firmenaktivitäten, die Geschäftsberichte und die Bilanzen dieser Unternehmen werden ständig von diversen Analysten begutachtet und bewertet. Grobe Fehler werden sofort öffentlich gemacht. Denn der Experte, der solche Fehler entdeckt, kann sich einen Namen machen. Das ist gute Werbung für ihn und sein Unternehmen. Sie müssen also nicht selbst die Bilanzen nach Fehlern durchforsten. Bei sehr großen Unternehmen machen dies bereits anderen Experten für Sie.

Oft sind Analysen und Nachrichten über solche Riesen auch frei zugänglich. Viele Beratungsunternehmen und Analysten bieten für etablierte und sehr große Unternehmen kostenlose und frei verfügbare Analysen an.

Diese Finanzdienstleister stellen damit Ihre eigenen Fähigkeiten unter Beweis. Dies soll Kunden anlocken, die dann auch in kleinere Unternehmen investieren möchten und entsprechende Analysen kostenpflichtig erwerben.

Sie nutzen diese kostenfreien Informationen für Ihre eigenen Investmententscheidungen. Dazu gehört auch die Frage, ob das Unternehmen mindestens das gleiche Ergebnis wie letztes Jahr liefern wird? Mehr brauchen Sie eigentlich nicht. Erwirtschaftet das Unternehmen noch mehr Gewinn als letztes Jahr, ist dies umso besser für Ihre Rendite. Denn die Dividende wird steigen.

Der Markt für Aktien von großen Unternehmen ist liquide

Wenn genügend Aktien täglich den Besitzer wechseln, ist in der Regel auch die Spanne zwischen dem Ankaufs- und Verkaufspreis enger. Diese Spanne wird auch „Spread" genannt und deutet auf einen liquiden Markt hin.

Es ist wichtig, dass immer genügend Aktien verkauft und gekauft werden können. Damit haben Sie eine bessere Chance, Aktien zu einem fairen Preis zu erwerben oder wieder zu verkaufen.

Kleine Unternehmen werden nicht immer in ausreichender Menge gehandelt

Es gibt kleine Unternehmen, deren Wertpapiere nicht jeden Tag gehandelt werden. Das kann sehr frustrierend sein. Hinzu kommt, dass der Aktienkurs schnell fallen kann, wenn Anleger mit vielen Aktien auf der Suche nach Käufern sind. Dann muss der Verkaufs- kurs oft gesenkt werden, damit genügend Käufer gefunden werden.

Sie sollten also in Wertpapiere investieren, bei denen auch große Mengen an Aktien keinen Schock auf den Aktienkurs auslösen. Ihre Kandidatenliste sollte diese Anforderung erfüllen.

Es finden sich fast immer genügend Käufer für sehr große Unternehmen

Aktien von etablierten und großen Unternehmen können Sie jederzeit wieder verkaufen, ohne dabei einen großen Abschlag zu zahlen. Der Verkauf wird in der Regel sehr schnell abgewickelt, da eigentlich immer genügend Kaufinteresse vorhanden ist.

Einzelne Investoren können große Unternehmen weniger beeinflussen

Kleinere Unternehmen bergen die Gefahr, dass sich einzelne und sehr reiche Investoren der Unternehmen bemächtigen. Damit kontrollieren die Investoren auch den Vorstand.

Diese wenigen Investoren bestimmen also, was mit den Gewinnen geschieht. Unter Umständen werden die Gewinne nicht mehr als Dividende ausgeschüttet, sondern nach den Bedürfnissen der Investoren verwendet.

Als abschreckendes Beispiel soll die *Balda AG* dienen. Dieses Unternehmen war nur circa 150 Millionen Euro schwer. Ein Großaktionär zog die Zügel an sich und wandelte das Unternehmen zu seinem Vorteil um. Früher Hersteller von Kunststoffkomponenten, nun im Bereich von erneuerbaren Energien tätig. Alles legal. Das ist Kapitalismus.

Tappen Sie nicht in solche Fallen. Suchen Sie sich Giganten an der Börse. Derzeit wird es sehr schwer sein, einen einzelnen Investor zu finden, der bei einem Unternehmen mit einem Marktwert von über 200 Milliarden Euro die Mehrheit erwerben kann. Ganz zu schweigen davon, dass er das Unternehmen aufkaufen könnte. Der Investor müsste so viele Aktien erwerben, dass der Aktienkurs sehr schnell viel zu teuer wird.

Sehr große Aktiengesellschaften bieten einen höheren Schutz vor heimlichen Übernahmen

Sehr große Unternehmen haben in der Regel einen sehr hohen Anteil an Streubesitz. Sehr viele kleine Anleger besitzen Anteile an dem Unternehmen. Dadurch wird es unmöglich, große Aktienpakete zu erwerben. Der Gang über die Börse ist unabdingbar und in der Regel sehr kostspielig für einen Großinvestor.

Kleine Unternehmen sind gefährlich

Kleine erfolgreiche Unternehmen können sehr schnell den eigenen Wert beeindruckend erhöhen. Größere Unternehmen können das schon alleine wegen der eigenen Größe nicht. Eine Steigerung von 10 % bei einer Million Umsatz ist einfacher zu erreichen, als 10 % bei 10 Milliarden.

Das hauptsächliche Problem liegt aber in der Verwundbarkeit kleinerer Unternehmen. Ein plötzlicher Verlust der Ertragskraft kann eine verheerende Auswirkung haben.

Unter Umständen ist die Einbuße der Erträge dauerhaft. Abhängigkeiten zu einzelnen wichtigen Kunden führt schnell zu Problemen, wenn dieser wichtige Kunde verloren wird. Meist fehlen dem Unternehmen die Kräfte und die nötigen Geldmittel, um neue und ertragreiche Produkte zu entwickeln und diese auf dem Markt zu bringen.

Weichen die veröffentlichten Gewinne von den Analystenerwartungen ab, können dadurch starke Kursschwankungen ausgelöst werden. Kleinere Unternehmen sollten deswegen ständig beobachtet werden oder ganz gemieden werden.

Ermittlung von Kandidaten

Stellen Sie sicher, dass Sie nur etablierte Unternehmen auswählen. Durchforsten Sie nur die wichtigsten Indizes.

Zuerst diese Börsen nutzen

- DAX
- Dow Jones
- Nasdaq
- SMI

Amerikanische Aktien zahlen in der Regel 3–4 mal im Jahr eine Dividende. Diese Einnahmen können Sie also schneller wieder investieren. Dies ist ideal in Verbindung mit einem Sparplan. Sie reduzieren das Risiko durch eine Streuung und sind immer bereit, die nächste Möglichkeit für einen Einstieg wahrzunehmen.

Es folgt nochmal eine Erinnerung an wichtige Kriterien für Ihre Aktien.

Keine kleinen Unternehmen

Alle Unternehmen unter 10 Milliarden Marktkapitalisierung sollten Sie grundsätzlich ausschließen. Dabei sollten Sie auch den Tiefstkurs berücksichtigen. Die Anzahl der Aktien multipliziert mit dem Tiefstkurs im aktuellen Jahr muss ebenfalls über die 10-Milliarden-Grenze kommen. Wenn Sie viele Aktien zur Auswahl haben, können Sie die Hürde für Ihre Aktien höher ansetzen. Es gibt genügend Unternehmen mit mehr als 50 Milliarden Euro Marktkapitalisierung.

Kontinuierliche Dividenden sind ein Muss

Die Dividenden müssen lückenlos mindestens 10 Jahre lang gezahlt worden sein. Somit wurden auch in Krisenzeiten Dividenden gezahlt. Die Dividenden, Umsätze und Gewinne sollten steigen – mindestens so viel, um die Inflation auszugleichen. Sonst blutet das Unternehmen mit der Zeit aus. Hier können Sie den Durchschnitt der letzten 3–5 Jahre nehmen, um einzelne Ausreißer zu ignorieren.

Verstehen Sie das Produkt Ihrer Kandidaten

Sie sollten das Produkt verstehen. So können Sie die Vorhaben der Unternehmen besser einschätzen und die Auswirkung auf den Gewinn erahnen. Haben Sie das Produkt verstanden, kann Ihnen Ihr Bauchgefühl zusätzlich helfen, den Sicherheitspuffer für die Berechnung der Einstiegs- und Ausstiegskurse anzusetzen.

Keine Banken kaufen

Kaufen Sie keine Aktien von Banken oder anderen Finanzinstituten (Versicherungen ausgeschlossen), auch wenn Sie glauben, das Produkt zu verstehen. Mit dem Ausschluss von Banken ersparen Sie sich sehr viel Kopfschmerzen.

Kapitel 4

Schritt 2 - Einstiegskurse ermitteln

Zahlen und Fakten kostenlos erhalten

Bei öffentlich an der Börse gehandelten Unternehmen können Sie Zahlen über das Unternehmen einfach und kostenfrei erhalten. Alle börsennotierten Unternehmen unterliegen der Veröffentlichungspflicht.

Sie erhalten die Bilanzen, Gewinn- und Verlustrechnungen direkt von der Webseite des Unternehmens oder von kostenfreien Finanzdiensten im Internet.

Die veröffentlichten Daten werden in der Regel auch für die vergangenen Jahre bereitgestellt, so können Sie Ihre historischen Daten schnell zusammenstellen. Vor allem für große Unternehmen werden diese Daten von vielen Börsen-Webseiten kostenlos bereitgestellt.

Sie können die aktuellen Kurse und historischen Daten auch oft direkt von der Börse selbst abrufen. Gerade bei sehr großen Unternehmen, an denen allgemein ein großes Interesse besteht, gelangt man sehr einfach an die Daten. Ebenfalls ein guter Grund, sich auf große Unternehmen zu fokussieren.

Zahlen und Fakten über Unternehmen im DAX erhalten Sie am besten direkt von der Börse: *www.boerse.de*

Dort erhalten Sie auch Ihre historischen Werte, leicht verständlich in Tabellen aufbereitet. Sparen Sie sich die Arbeit und kopieren Sie diese Daten.

Sie benötigen historische Daten

Mit den historischen Daten, können Sie die Auswertung und Ihre Berechnung der Aktienkurse durchführen. Die Auswertung gibt Aufschluss, ob das Unternehmen weiter aktiv am Markt teilnimmt und dabei wächst. Die Berechnungen ergeben Ihre Einstiegs- und Ausstiegskurse.

Folgende Daten benötigen Sie für Ihre Berechnung:

- Jährliche Höchstkurse

- Jährliche Tiefstkurse

- Jährlich gezahlte Dividenden

Die historischen Daten sollten mindestens 10 Jahre zurückreichen. Nur so können Sie erkennen, ob sich das Unternehmen in einer Krise bewährt hat. Es sollten so viele Daten verfügbar sein, dass mindestens eine Finanzkrise enthalten ist. So erkennen Sie eine mögliche Auswirkung auf die Dividende und den Aktienkurs, während das Unternehmen durch eine Finanzkrise ging.

Erfassen Sie diese Zahlen in einer Tabellenkalkulation. So können Sie später einfache Berechnungen vornehmen und auch eine Anpassung der Dividendenrenditen auf Ihre Einstiegs- und Ausstiegskurse testen.

Fakten über das Unternehmen besorgen

Für deutsche Aktien sind gute und kostenlose Analysen etwas schwieriger zu erhalten. Vor allem, wenn diese bereits einfach aufbereitet sein sollen. Aber auch hier gibt es Quellen.

Meist müssen Sie sich diese Tabellen selbst zusammenstellen. Suchen Sie sich die verschiedenen Informationen über das Unternehmen zusammen. Greifen Sie auf die verschiedenen und kostenlosen Anbieter von Börsendiensten zurück. Nutzen Sie die Börse selbst. Nutzen Sie auch die Finanzwebseite von Yahoo.

Quellen für deutsche Aktien:

- Investor-Relation-Webseiten der Unternehmen

- www.boerse.de

- finance.yahoo.com

- www.finanzen100.de

- www.finanzen.net/ausblick/

- finance.google.com

Gute und kostenlose Analysen für amerikanische Aktien

Bei amerikanischen Aktien ist es leichter, an Daten zu gelangen, sofern Sie sich nur auf die ganz großen Unternehmen konzentrieren. Sie erhalten sehr gute Analysen oft umsonst.

Value Line bietet Analysen von 30 Unternehmen komplett umsonst an. Sie erhalten eine sehr gute Übersicht, Analysen und Bewertungen, alles übersichtlich für Sie zusammengestellt. Auch deren Angebote für private Anleger sind günstig. Daneben bietet *Value Line* auch eine sehr gute Zusammenstellung der Wertpapiere als PDF-Download an.

Die Daten werden regelmäßig aktualisiert. Die kostenlosen Berichte von 30 ausgewählten Unternehmen enthalten oft Datenmaterial über einen Zeitraum von mehr als 10 Jahren, alles übersichtlich in einer Tabelle und mit Chart. Dazu gibt es eine gute Einschätzung über die zukünftigen Ziele der Firma.

Das kostenpflichtige Produkt „The Value Line 600" von *Value Line* ist meines Erachtens günstig. Der Preis ist für die Leistung empfehlenswert, gerade wenn Sie Ihre Investitionen auf weitere Kandidaten ausweiten möchten.

Quellen für amerikanische Aktien:

- research.valueline.com/research#list=dow30

- finance.yahoo.com

- finance.google.com

Erkenntnis über die Ausgaben und Einnahmen eines Unternehmens gewinnen

Sie sollten auch die Prognosen in den Geschäftsberichten und Bilanzen lesen. Diese geben einen guten Einblick über die zu erwartenden Ausgaben und Erwartungen der Gewinne.

Wichtig bei Prognoseberichten sind außergewöhnliche Maßnahmen für das laufende oder kommende Jahr. Plant eine Firma extreme hohe Ausgaben für eine Werbekampagne oder andere absatzfördernde Maßnahmen? So fällt der kommende Gewinn im betroffenen Jahr geringer aus, aber die folgenden Jahre profitieren davon umso mehr.

Auch große Umstrukturierungen können die Gewinne für 1–2 Jahre beeinträchtigen. Im Grunde werden solche Wertpapiere dann günstig angeboten.

So konnte ich mit *Coca Cola* einen schnellen Kursgewinn erzielen. Als *Coca Cola* seine große Umstrukturierung vornahm, kam die Aktie unter Druck und erreichte den Einstiegskurs. Nur kurze Zeit später konnte ich *Coca Cola* mit 10 % Kursgewinn wieder verkaufen und das Geld in einen anderen Kandidaten investieren.

Einstiegskurs berechnen

Ermitteln Sie anhand der gezahlten Dividenden und den Tiefstkursen eine durchschnittliche Rendite. Dieser Wert ist die durchschnittlich die maximale Rendite für diese Aktie. Damit können Sie nun einen Einstiegskurs berechnen. Viele Aktien werden zum Zeitpunkt Ihrer Bewertung nicht zum idealen Einstiegskurs gehandelt.

Der Einstiegskurs kann leicht angehoben werden. So dass Sie den Einstieg nicht wegen 1–2 Prozenten verpassen. Das senkt natürlich Ihre Rendite. Darum sollten Sie auch nicht übermäßig in Aktien mit einer niedrigen Rendite investieren.

Im Grunde erwarten Sie, dass die Aktie nach Ihrem Kauf noch etwas sinken kann. Einen perfekten Einstiegspunkt werden Sie nie errechnen können. Darum sollte die Rendite auch Ihren Erwartungen entsprechen.

Sobald der Einstiegskurs unterschritten wird, können Sie dieses Wertpapier kaufen. Ab diesem Kurs erhalten Sie Ihre Wunschrendite.

Vorgehen

Erstellen Sie pro Aktienkandidat eine Tabelle. Ermitteln Sie die jährlichen Tiefstkurse sowie die gezahlten Dividenden. Bei amerikanischen Aktien addieren Sie die Zahlungen für das ganze Jahr.

Berechnen Sie pro Jahr die maximal mögliche Rendite. Teilen Sie dazu die Dividende durch den Tiefstkurs des entsprechenden Jahres.

Maximale jährliche Rendite

$$\frac{Dividende}{Tiefstkurs} \times 100$$

Durchschnittsrendite

Nachdem Sie alle Jahre einzeln berechnet haben, sollten Sie nun den Durchschnitt der Renditen bilden, also den Durchschnitt der berechneten Jahresrenditen. Berechnen Sie die durchschnittliche Rendite für 5 Jahre bis 10 Jahre.

Wenn extreme Ausreißer vorhanden sind, überspringen Sie diese Renditewerte, da sonst ein verfälschter Wert entsteht. Es gibt Jahre, in denen aufgrund außergewöhnlicher Maßnahmen eine besondere Kurs-Situation bestand. Diese Werte würden Ihren Einstiegskurs verfälschen. Interessante Ausreißer lassen sich auch schnell durch eine Recherche im Internet aufklären.

Zu hohe oder zu niedrige Werte sollten Sie also nicht in Ihrer Berechnung aufnehmen. Bei zu hohen Werten könnte es sein, dass Sie den Einstieg immer verpassen. Bei zu niedrigen Werten steigen Sie immer viel zu früh ein. Obwohl das zu frühe Einsteigen nicht so schlimm ist, sollten Sie dennoch versuchen, Ihre Rendite zu maximieren.

Stimmen Sie den errechneten Wert mit den letzten 3 Jahren ab. Dazu können Sie den errechneten Durchschnittswert an diese Jahre anpassen. Der berechnete Durchschnitt sollte nicht zu stark von den letzten Jahren abweichen. Korrigieren Sie diesen Wert eventuell manuell.

Reduzieren Sie Ihren Wert etwas, um den Einstieg nicht wegen 1–2 Prozenten zu verpassen. Ist der Durchschnitt der Rendite 3,45 % können Sie auch 3,4 % oder 3,3 % nehmen, solange es Ihren Erwartungen an die Rendite entspricht.

Durch die Korrektur nach unten sind Sie bereit, auch bei einem etwas höheren Wert einzusteigen.

Einstiegskurs

Nun berechnen Sie den Einstiegskurs für dieses Wertpapier anhand der zuletzt gezahlten Dividende. Ist die zu erwartende Dividende für das laufende Jahr bekannt, können Sie diese Dividende für Ihre Berechnung nehmen. Ansonsten gehen Sie auf Nummer sicher und nehmen Sie die Dividende des letzten Jahres.

$$\frac{Zuletzt\ gezahlte\ Dividende}{Durchschnitts - Rendite + Sicherheitspuffer}$$

Der Sicherheitspuffer dient dazu, Ihren berechneten Kurs etwas anzupassen. Je nach steigendem oder fallendem Markt können Sie etwas hinzufügen oder abziehen. So laufen Sie nicht Gefahr, den Einstieg zu verpassen oder viel zu früh zu kaufen.

Der Einstiegskurs liegt über dem Wert der vorletzten und der davor liegenden Dividende bei steigenden Märkten. Bei fallenden oder stagnierenden Märkten sollten Sie den Wert nach eigener Einschätzung anpassen, so dass der Kurs immer noch eine attraktive Rendite abwirft. Ansonsten kaufen Sie zu teuer.

Bei Aktien mit einer Dividendenrendite von über 4 % reduziere ich den Sicherheitspuffer, da ich auf die Rendite ziele und diese nicht unbedingt verpassen will. Bei Wertpapieren mit Renditen unter 4 % erhöhe ich den Sicherheitspuffer, so dass ich nur kaufe, wenn der Kurs eindeutig den Durchschnitt unterschreitet.

Der Sicherheitspuffer soll verhindern, dass Sie nicht während eines boomenden Marktes in einen Crash hinein kaufen, oder bei schlechten Prognosen des Unternehmens viel zu früh einsteigen.

Warten Sie diesen berechneten Einstiegskurs für Ihren Kauf ab. Beim Erreichen des Kurses können Sie anfangen, die Aktie zu kaufen. Die Beurteilung, ob diese Aktie weiter beobachtet werden sollte, hängt von der Rendite ab und ob Sie mit der Rendite einverstanden sind. Ist Ihnen diese zu niedrig, dann kaufen Sie die Aktie nicht.

Kaufen Sie so, dass Sie zufrieden sind, auch wenn die Börse nach Ihrem Kauf für Jahre geschlossen wird. Sie erhalten dann immer noch die Dividende.

Beispielberechnung für Adidas

Zur Fußballweltmeisterschaft in 2010 war *Adidas* der Hauptsponsor. *Adidas* startete gerade eine interne Optimierungsaktion und konnte auch den Umsatz steigern, doch nicht den Gewinn für das Jahr. Somit sind die 0,35 Euro als Dividende erklärbar und Sie konnten erwarten, dass der Gewinn nach dieser außergewöhnlichen Investition in die eigene Optimierung wieder steigen wird.

Jahr	Dividende	Tiefstkurs	Rendite
2014	1,50	52,97	2,83 %
2013	1,35	63,77	2,12 %
2012	1,00	47,66	2,10 %
2011	0,80	39,75	2,01 %
2010	0,35	32,26	1,08 %
2009	0,50	20,37	2,45 %
2008	0,50	19,52	2,56 %
2007	0,42	30,79	1,36 %
2006	0,33	31,05	1,06 %
2005	0,33	24,36	1,35 %
Durchschnitt alle		36,25	1,89 %
Durchschnitt 4 Jahre + Sicherheitspuffer		**60,00**	**2,50 %**

Kapitel 5

Schritt 3 - Ausstiegskurse ermitteln

Ausstiegskurs berechnen

Berechnen Sie anhand der Dividende und der Höchstkurse der vergangenen Jahre ein durchschnittliches Limit für die Rendite. Sie ermitteln also die durchschnittliche minimale Rendite für dieses Wertpapier. Anhand dieser Rendite können Sie den Ausstiegskurs bestimmen.

Die jährlichen Renditen, also die minimale und maximale Rendite, bilden einen Rendite-Korridor. Wenn der Kurs zum Aussteigen erreicht wird, erhalten Sie eine Warnung.

Der Ausstiegskurs warnt Sie also, sobald der Kurs überbewertet ist. Ab diesem Zeitpunkt steigt die Wahrscheinlichkeit, dass der Kurs wieder fällt. Sie erhalten ab diesem Kurs einen deutlich höheren Gewinn als mit der Dividende. Ein Verkauf realisiert Ihren Kursgewinn und liefert liquide Mittel. Damit realisieren Sie den Hebel.

Sobald der Ausstiegskurs überschritten wurde, sollten Sie das Wertpapier verkaufen. Ab diesem Kurs ist die Rendite zu niedrig, so dass weniger Investoren Interesse haben, die Aktie weiterhin zu kaufen. Deshalb steigt die Wahrscheinlichkeit, dass ab diesem Zeitpunkt der Kurs wieder fällt.

Denn in der Regel wird die Aktie bald auch vom Markt als überbewertet angesehen und Sie können dann mit dem zusätzlichen Geld erneut investieren.

Vorgehen

Fügen Sie pro Aktie zwei weitere Spalten in Ihre Tabelle ein. In die erste Spalte setzen Sie die jährlichen Höchstkurse und in die zweite Spalte kommt die Formel für die Berechnung der Rendite für das jeweilige Jahr. Ermitteln Sie die jährlichen Höchstkurse und berechnen Sie die minimale Rendite pro Jahr.

Minimale jährliche Rendite

$$\frac{Dividende}{Höchstkurs} \times 100$$

Durchschnittsrendite

Die Durchschnittsrendite ist der Durchschnitt der berechneten Dividendenrenditen pro Jahr. Berechnen Sie die durchschnittliche Rendite für die letzten 5 bis 10 Jahre. Dabei sollten Sie nicht blind alle jährlichen Renditen berücksichtigen. Es gibt Jahre, in denen außergewöhnliche Maßnahme besondere Kurs-Situationen entstehen ließen. Diese Jahre verfälschen Ihren Ausstiegskurs. Prüfen Sie den errechneten Wert anhand der letzten 3 Jahre und passen Sie diesen an Ihre Bedürfnisse an.

Der berechnete Durchschnitt der Rendite sollte nicht zu stark von den letzten Jahren abweichen. Korrigieren Sie diese Rendite eventuell manuell. Wenn sich der Markt gerade von einem Crash erholt, können Sie den Wert leicht über der errechneten Rendite ansetzen.

Ist der letzte Crash schon 6 Jahre her, sollten Sie die ermittelte Rendite etwas erhöhen, um den Ausstieg nicht um 1–2 Prozent zu verpassen. Nach längerer Zeit ohne Kurskorrektur sollten Sie vorsichtiger sein. Ist der Durchschnitt etwa bei 3,45 %, könnten Sie auch 3,5 % oder 3,55 % wählen. Damit steigen Sie früher aus, denn der berechnete Ausstiegskurs ist niedriger als bei 3,45 %.

Die Durchschnittsrendite könnte gleich auf oder unter der Rendite des letzten Jahres liegen. Sicherheit geht vor. Ich steige lieber etwas früher aus und investiere dann in einen anderen Kandidaten, als einen Kursrückgang zu erleben.

Ausstiegskurs

$$\frac{\textit{Zuletzt gezahlte Dividende}}{\textit{Durchschnittsrendite} + \textit{Sicherheitspuffer}}$$

Nutzen Sie die zuletzt gezahlte Dividende. Ist die Dividende für das laufende Jahr bekannt, können Sie diese verwenden. Bei Aktien, die mehrmals eine Dividende im Jahr auszahlen, können Sie eine Hochrechnung vornehmen.

Der Sicherheitspuffer dient dazu, den berechneten Wert etwas anzupassen. Je nach steigendem oder fallendem Markt können Sie etwas drauflegen oder abziehen. So laufen Sie nicht Gefahr, den Ausstieg zu verpassen oder zu früh auszulösen. Ich bevorzuge lieber einen frühen Ausstieg, als einen späten.

Ein Ausstieg ist nicht immer nötig

Nicht immer muss ein Ausstieg auch erfolgen. Kurz vor dem tatsächlichen Ausstieg, können neue Informationen einen Ausstieg stoppen, zum Beispiel wenn eine neue höhere Dividende veröffentlicht wurde. Diese Ankündigung erfordert eine Neuberechnung und liefert eventuell einen viel höheren Ausstiegskurs.

Den Ausstiegskurs können Sie als Zeitpunkt ansehen, ab dem Sie diese Aktie für einen möglichen Verkauf untersuchen sollten. Die Beurteilung, ob die Aktie verkauft werden sollte, hängt von den aktuellen Nachrichten und den veröffentlichten Unternehmenszahlen ab. Sind Sie sich unsicher, dann können Sie verkaufen und gehen somit auf Nummer sicher.

Berücksichtigen Sie nicht alle verfügbaren Daten. Ein Blick auf die Zahlen liefert Ihnen einen Hinweis, welche Zahlen Sie ignorieren können. Interessante Ausreißer lassen sich auch schnell durch eine Recherche im Internet aufklären.

So war zum Beispiel für *Adidas* die Fußballweltmeisterschaft 2010 sehr kostspielig, aber der Absatz an Sportartikeln sollte sicherlich steigen. Dazu sollten auch die initiierten Optimierungsmaßnahmen greifen und der Gewinn über die nächsten Jahre wieder steigen.

Entsprechend diesen Annahmen und Erwartungen wurde eine deutliche Erhöhung der Dividende in den Kurs eingepreist. 2011 folgte die Bestätigung – höhere Gewinne und eine Anpassung der Dividende.

Beispielberechnung für Adidas 2015

Das Beispiel berücksichtigt die Zahlen von 2014 bis 2011, damit nicht ein zu hoher Ausstiegskurs errechnet wird. Scheinbar hat sich die Situation am Markt gegen einen sehr hohen Kurs der *Adidas*-Aktie entwickelt.

Jahr	Dividende	Höchstkurs	Rendite
2014	1,50	92,10	1,63 %
2013	1,35	90,87	1,49 %
2012	1,00	66,75	1,50 %
2011	0,80	54,25	1,47 %
2010	0,35	48,18	0,73 %
2009	0,50	36,38	1,37 %
2008	0,50	46,37	1,08 %
2007	0,42	45,85	0,95 %
2006	0,33	38,85	0,85 %
2005	0,33	36,08	0,91 %
Durchschnitt alle		55,57	1,19 %
Durchschnitt 4 Jahre + Sicherheitspuffer		**81,08**	**1,85 %**

2015 steht der Markt nicht sehr hoch, dennoch hoch genug, dass eine Kurskorrektur bald möglich erscheint. Deswegen berechne ich die Ausstiegskurse mit mehr Sicherheitspuffer. Diese Kurskorrektur blieb aus, doch es ist immer besser, Vorsorge als Nachsorge zu betreiben.

Ziel der Dividenden-Hebel-Strategie ist es, Ihr finanzielles Einkommen zu maximieren, ohne dabei das Risiko zu erhöhen. Deshalb investieren wir in große und etablierte Unternehmen mit langer Dividenden-Historie, sobald der Kurs mit hoher Wahrscheinlichkeit wieder steigen wird. So erhalten Sie die Option auf einen Kursgewinn und die Sicherheit einer etablierten Dividendenaktie.

Surfen Sie die Welle

Beim Beobachten von Surfern stellen Sie fest, dass diese nicht dauernd auf dem Surfbrett stehen. Die Surfer warten viel mehr auf dem Meer. Sie warten auf die geeignete Welle. Auf die optimale Gelegenheit, eine Welle zu reiten, die deren Erwartungen entspricht. Dabei lassen sie einige Gelegenheiten aus und versuchen auch nicht, auf verpasste Wellen aufzuspringen, denn die nächste Welle kommt bestimmt.

Geduld gehört auch zum Investieren. Warten Sie auf einen optimalen Kurs. Springen Sie dann auf und lassen Sie sich zum Ziel treiben. Die Aktienmärkte unterliegen Zyklen. Es geht hoch und wieder runter. Aber Sie müssen nicht erst auf einen Crash warten. Denn ein Aktienkursverlauf, gemessen an der Dividendenrendite, hat ebenfalls Zyklen. Und oft gleichen sich diese jedes Jahr.

Jedes Jahr haben die Kurse Hochs und Tiefs

Jedes Jahr hat eine Aktie also einen Höchstkurs und einen Tiefstkurs. Wenn Sie die Dividende dagegenhalten, sehen Sie bei einigen Aktien die Wellen deutlich, gerade bei etablierten Unternehmen mit einer stabilen und langen Dividenden-Historie. Sobald sich die Dividendenrendite am oberen Punkt befindet, also der Aktienkurs sehr niedrig ist, steigen viele Aktien-Surfer auf die Bretter. Sie kaufen, um die gute Rendite zu erhalten. Damit steigt auch der Kurs.

Wenn der Kurs immer weiter steigt, kaufen sie immer weniger. Diese Käufer haben weiter vorne auf die Welle gewartet. Da für die Neueinsteiger die Dividendenrendite immer geringer ausfällt, sinkt auch das Interesse an dieser Aktie. Zu diesem Zeitpunkt werden meist Kursgewinne mitgenommen, die Surfer springen ab. Der Kurs fängt an zu sinken.

Viele Aktien sind wie viele Wellen

Sie müssen die Welle nicht zu Ende reiten. Wenn Sie zu einem angemessenen Preis gekauft haben und der Kursgewinn die Dividende deutlich übersteigt, können Sie Ihren Gewinn realisieren. Mit diesem Geld springen Sie dann auf die nächste Welle. Wenn Sie das zweimal im Jahr schaffen, und immer bei 15 % Gewinn aussteigen, haben Sie schon 32 % Rendite im Jahr. Dazu konnten Sie auch noch Ihr Halte-Risiko deutlich verringern.

Wellenschnitt-Taktik

Die Wellenschnitt-Taktik ist eine Erweiterung der Dividenden-Hebel-Strategie

Die Wellenschnitt-Taktik wirkt wie ein kleiner Turbo für Ihr Investment-Kapital. Dazu ermitteln Sie zusätzlich zwei weitere Ausstiegskurse, jeweils für 10 % und 15 % Kursgewinn. Sie realisieren Gewinne viel schneller und können dann mit mehr Kapital in andere Wertpapiere einsteigen.

Zinseszins-Effekt

Mit dieser Taktik ist es möglich, mehr Rendite zu erzielen, als mit einem langfristigen Investment. Da Sie den Gewinn schneller wieder reinvestieren und den Zinseszins-Effekt erhalten.

Steigen Sie schon nach 10 % Kursgewinn aus, können Sie mit 110 % des Startkapitals investieren. Die ausgewählten Wertpapier-Kandidaten machen alle mindestens 10 % Kursgewinn pro Jahr, nach dem Erreichen Ihres Einstiegkurses. Damit ergeben sich gute Gewinnmöglichkeiten.

Allerdings ist das nicht mehr entspanntes Investieren, sondern etwas aktiver, denn es muss öfters gehandelt werden. Sie kaufen und verkaufen öfters im Jahr. Ideal für Leute, die sich schon etwas mehr mit der Börse beschäftigt haben und auch Zeit und Lust haben, mehr zu tun.

So funktioniert es

Anstatt auf ein langfristiges Halten zu setzen, sind Sie auf der Jagd nach Kursgewinnen. Sie kaufen das Wertpapier, um gezielt einen bestimmten Kursgewinn mitzunehmen, also 10 oder 15 %. Als Variante kann man den Verkauf beim Erreichen der Gewinnschwelle auch davon abhängig machen, ob gerade ein anderer Einstiegskandidat verfügbar ist. Sollte kein Einstiegskandidat nach dem Erreichen der ersten 10%-Gewinnschwelle verfügbar sein, kann man die Aktie auch länger halten.

Die Wellenschnitt-Taktik hat Ihren Namen vom Schneiden der Kursgrafik, die oft Formen einer Welle annehmen. Ziel ist es, die Welle zu schneiden, beziehungsweise aus der Aktie wieder auszusteigen, sobald der Kursverlauf nach oben geht. Sie springen also früher ab. Ähnlich wie Delfine, die von einer Welle zur anderen springen, bevor die Welle selbst wieder abbricht.

Einstieg

Der Einstieg ist genau wie bei der Dividenden-Hebel-Strategie. Sobald der berechnete Einstiegskurs erreicht wurde, steigen Sie ein.

Ausstieg

Für das Aussteigen gibt es zwei Varianten:

1. Konsequent beim Erreichen des vorzeitigen Ausstiegskurses

2. Beim Überschreiten des vorzeitigen Ausstiegskurses und wenn es einen anderen Einstiegskandidaten gibt

Legen Sie zuerst fest, was Ihr Kursziel ist, zum Beispiel 10 %. Damit haben Sie schon eine gute Rendite. In der Regel erreichen die Wertpapiere aus meiner Liste 30–50 % Kursgewinn im Jahr. Jedoch ist es sehr schwer, den niedrigsten Kurs zu erwischen, so dass Sie mit einem Kursgewinn von 20–30 % rechnen sollten. Damit sind 10 % im Rahmen der Möglichkeit.

Meine Wertpapierkandidaten erreichen die ersten 10 % relativ schnell und benötigen dann einige Zeit, um weiter zu steigen. Sie haben mit 10 % also ein gutes Ziel.

Erreichen Sie 10 % Kursgewinn, können Sie verkaufen. Ob Sie verkaufen oder weiter auf einen anderen Kandidaten warten, müssen Sie anhand der aktuellen Ereignisse und der Stimmung am Markt bestimmen. Denn Sie könnten beim Warten auch wieder Kursgewinn abgeben. Bevor es einen neuen Einstiegskandidaten gibt, könnte der Aktienkurs also wieder fallen.

Risiko geringer

Durch die Wellenschnitt-Taktik verringern Sie Ihr Risiko. Denn Sie steigen schneller aus. Gleichzeitig beschränken Sie aber auch Ihre Gewinnmöglichkeiten. Um schneller an die 10 % zu kommen, empfiehlt sich diese Taktik bei 10%-Risikokandidaten.

Wertpapiere mit niedrigen Dividendenrenditen machen schnelle Kurssprünge und haben in der Regel eine höhere Kursspanne. Wenn die Dividendenrendite von 1 % auf 0,8 % sinkt, hat der Kurs sich schon um 25 % bewegt.

Mehr Gewinn möglich

Wenn Sie drei Wertpapiere mit der Wellenschnitt-Taktik reiten können, erzielen Sie durch Reinvestition Ihres Kapitals mehr als 30 % Rendite im Jahr. Nach dem ersten Verkauf haben Sie 10 % und investieren dann 110 %, danach haben Sie zum Einsetzen 121 % und enden mit 133,1 %.

Zusätzlich besteht die Chance auf eine Dividende. Wenn Sie also 3 % Dividende erhalten und einen Kursgewinn von 15 % mitnehmen, dann haben Sie 18 % Rendite.

Beispiel mit 10 %

Investment	Rendite	Gewinn	Kapital	Gesamtrendite
100,00	10 %	10,00	110,00	10,0 %
110,00	10 %	11,00	121,00	21,0 %

Beispiel mit 15 %

Investment	Rendite	Gewinn	Kapital	Gesamtrendite
100,00	15 %	15,00	115,00	15,0 %
115,00	15 %	17,25	132,25	32,5 %

Müssen dafür die Kurse genauso schnell wachsen?

Nicht unbedingt. Aber es wäre dann keine Dividenden-Strategie mehr, sondern hier sind wir schon im Trading – also mit 10 % Gewinn aussteigen. Denn die etablierten Aktien aus der Liste Ihrer Wertpapierkandidaten schaffen in der Regel mindestens 10 %, aber nicht immer 30 % oder mehr. So werden nicht jedes Mal die normalen Ausstiegskurse erreicht.

Die ersten 10 % Kursgewinn sind oft schneller erreicht, als die nachfolgenden 10 %.

Zusammenfassung für den Verkauf nach der Wellenschnitt-Taktik?

- 10%-Risikokandidaten – 10 % Kursgewinn realisieren

- 10 % Kursgewinn wurde erst nach längerer Haltedauer erreicht – 10 % Kursgewinn realisieren

- Kurs-Korridor (Spanne zwischen Einstiegs- und Ausstiegskurs) unter 25 % – 10 % Kursgewinn realisieren

- Neuer Einstieg möglich und mehr als 15 % Kursgewinn – Kursgewinn realisieren

Bei 10%-Risikokandidaten empfehle ich einen schnellen Verkauf. Wozu mehr Risiko eingehen als nötig? In der Regel realisiere ich bei 10%-Risikokandidaten den Wellenschnitt schon nach 10 % Kursgewinn. Wenn die ersten 10 % Kursgewinn sehr langsam erreicht wurden, es also mehrere Wochen gedauert hat, dann können Sie auch früher verkaufen. Das hat auch einen entspannenden Effekt. In der Regel sollten die ersten 10 % innerhalb von 60 Tagen erreicht sein.

Schauen Sie auf die Spanne vom Kurs-Korridor, um eine Entscheidung über die Haltedauer zu treffen. Kleine Spannen im Kurs-Korridor benötigen mehr Zeit.

Kapitel 6

Schritt 4 –
Berechnete Kurse auf
die Watchliste setzen

Überwachung der berechneten Kurse

Nachdem Sie nun Ihre Kurse für den Einstieg und Ausstieg berechnet haben, sollten Sie diese beobachten – am besten automatisch, so wenden Sie kaum Zeit dafür auf. Erfassen Sie Ihre Kandidaten in eine Watchliste. Es gibt viele kostenlose Angebote für Watchlisten im Internet. Stichwort für die Suche im Internet: *Aktien Watchlist*.

Nutzen Sie kostenfreie Börsendienste im Internet

Das Angebot von *finanzen100.de* ist ziemlich gut. Sie können Ihre Kandidaten in verschiedene Watchlisten aufteilen. Zu jeder Aktie können Sie die entsprechenden Limits hinterlegen. Sind die Limits erreicht, bekommen Sie eine E-Mail. Dazu gibt es auch eine gute mobile App für Ihr Telefon, welche übersichtlich die aktuelle Distanz zu Ihrem eingetragenen Limitkurs darstellt.

Die meisten Webseiten mit Börseninformationen bieten ähnliche Dienste an. Wählen Sie den Dienst, der Ihnen am besten gefällt. Sie sollten Ihn leicht verstehen und einrichten können. Es ist auch durchaus möglich, dass Ihr Online-Broker ebenso eine gute Watchliste anbietet. Watchlisten, werden auch manchmal *Favoriten* genannt, bei denen Sie ebenso eine automatische Benachrichtigung für das Erreichen von Kursen einrichten können.

Prüfen Sie die Aktie vor dem Handeln

Sobald also ein Limit erreicht wurde, sendet Ihre Watchliste eine Benachrichtigung an Sie. Sie können dann die aktuellen News über die Aktie prüfen. Blicken Sie auch auf den Verlauf des Kurses der letzten Woche. Werfen Sie ebenfalls einen kurzen Blick auf den Chart der letzten Monate. Das gibt Ihnen ein Gefühl für den Trend der Aktie. Seien Sie vorsichtig bei schlechten Meldungen über das Unternehmen. Diese Meldungen können weiteren Druck auf den Kurs ausüben. Warten Sie in diesen Fällen noch etwas ab.

Entsprechend der Entwicklung im Chart können Sie nun Ihre nächste Aktion bestimmen. Handelt es sich um ein Kaufsignal, ist es sinnvoll vor dem Kauf zu prüfen, ob Sie nicht noch günstiger einsteigen können, wenn Sie 1–2 Tage warten. Ähnliches gilt beim Verkaufssignal.

Das Abflachen der Kurve abwarten

Verläuft der Kurs sehr steil, sollten Sie das Abflachen abwarten. In der Regel bewegen sich die Kurse lange nicht, um dann schnelle Bewegungen zu machen. Nach den Bewegungen erreichen die Aktien meist ein Plateau und halten dieses eine Zeit lang. Hier können Sie dann aktiv werden.

Wenn Sie nicht auf das Abflachen warten wollen, können Sie auch sofort handeln. Beim einem Kauf investieren Sie in Ihre Wunschrendite. Beim einem Verkauf sind Sie zumindest rechtzeitig ausgestiegen und haben keinen Stress mehr. Sie erhalten den Kursgewinn als Rendite.

Steigt der Aktienkurs weiter, sollten Sie dem keine Beachtung mehr schenken. Das verleitet Sie nur zu falschen Überlegungen und beeinflusst ihre nächsten Entscheidungen. Halten Sie sich an das System.

Aktualisierungszeitraum

Die Frage ist, wie oft sollten Sie Ihre Einstiegs- und Ausstiegskurse aktualisieren? Wann sollten Sie die neue Dividende für die Anpassung Ihrer Kurse anwenden? Sie sollten die Kurse neu berechnen, wenn die Dividende angepasst wird oder gefährdet ist. Das Berechnen der neuen Kurse ist sehr wichtig. Daher soll Ihnen mein Geschenk an Sie helfen.

Wenn Sie auf **www.dividendenhebelbuch.de** gehen, können Sie eine Beispielberechnung herunterladen. Nutzen Sie diese Berechnung als Vorlage für Ihre eigenen Berechnungen.

Dividendenausschüttungen

Grundsätzlich sollten Sie Ihre Kurse neu berechnen, sobald die Dividende ausgeschüttet wurde. Für Ihre Berechnung verwenden Sie die tatsächlich ausgeschüttete Dividende. Die Berechnung können Sie sehr einfach mit Excel oder einer anderen Tabellenkalkulation machen.

Die Dividende wird, bei amerikanischen Aktien, 3–4 Mal im Jahr anteilig ausgeschüttet. Somit könnten Sie diese Dividenden schneller wieder reinvestieren. Es kann passieren, dass sich der Dividendenbetrag im laufenden Jahr ändert. Für Ihre Berechnungen können Sie die Dividende hochrechnen.

Beispiel für die Hochrechnung

Quartal	Dividende	Berechnung	Hochgerechnete Dividende
Quartal 1	1,00	4 x 1,00	4,00
Quartal 2	1,10	1,00 + (3 x 1,10)	4,30
Quartal 3	1,35	2,10 + (2 x 1,35)	4,80
Quartal 4	1,50	3,45 + 1,50	4,95

Bei deutschen Aktien wird die Dividende oft nur einmal im Jahr ausgeschüttet. Der Betrag für die Ausschüttung wird vorab festgelegt oder zumindest vorgeschlagen. Oft haben die Aktiengesellschaften in ihren Statuten eine grobe Richtlinie für die Auszahlungsquote der Gewinne. Es gibt Aktiengesellschaften, die immer

40 % vom Gewinn an die Aktionäre ausschütten. Andere Gesellschaften nutzen eventuell eine Spanne von 20–50 %, um flexibler auf die aktuelle Situation reagieren zu können. Die Auszahlung der Gewinne erfolgt als Dividende.

Der Gewinn bestimmt die Dividende

Die Dividende wird auf der Hauptversammlung vorgeschlagen und die Aktionäre stimmen darüber ab. Sollte ein Unternehmen mehr Gewinn einbehalten als sonst, muss es einen triftigen Grund dafür geben. Gründe hierfür können Pläne für größere Investitionen oder Marketingmaßnahmen sein. Diese sollten in den folgenden Jahren auch zu höherem Umsatz und Gewinn führen.

Schätzen Sie den Gewinn anhand der Quartalsberichte

Etablierte Aktiengesellschaften können anhand der vierteljährlichen Geschäftsberichte sehr leicht verfolgt werden. Summieren Sie den bereits erzielten Gewinn vom laufenden Jahr. Für die fehlenden Monate könnten Sie die Werte des letzten Jahres annehmen.

So können Sie den zu erwartenden Gewinn abschätzen. Multiplizieren Sie diesen dann mit dem Ausschüttungsanteil. Sie erhalten dadurch eine Vorstellung, welcher Betrag ausgeschüttet werden könnte.

Der Ausschüttungsbetrag geteilt durch die Anzahl der ausgegebenen Aktien, ergibt die Dividende pro Aktie. Daran sind Sie interessiert. Diesen Wert können Sie für Ihre Kurse nutzen. Wenn Sie sich diese Arbeit sparen wollen, halten Sie sich einfach an die letzte Dividende.

Berechnung der Dividendenprognose

$$\frac{(Gewinne\ Quartal\ 1-4) \times Anteil\ Ausschüttung}{Anzahl\ ausgegebener\ Aktien}$$

Beispiel

	Euro	Bemerkung
Gewinn Quartal 1	100	Aktuelles Jahr
Gewinn Quartal 2	200	Aktuelles Jahr
Gewinn Quartal 3	150	Vom letzten Jahr
Gewinn Quartal 4	100	Vom letzten Jahr
	550	
Ausschüttung 40 %	220	Dividendenbetrag
Gesamtanzahl Aktien	100	100 % Aktienanteil
Dividenden pro Aktie	**0,44**	

Nachdem Sie die Dividende errechnet haben, könnten Sie einen möglichen Einstiegs- und Ausstiegskurs ermitteln. Tragen Sie Ihre berechneten Kurse anschließend in Ihre Watchliste ein.

Festlegen eines Dividendenwertes

Die endgültige Dividende wird vom Unternehmen veröffentlicht. Sobald die Dividende feststeht, sollten Sie Ihre Berechnungen aktualisieren und gegebenenfalls Ihre Limits in der Watchliste anpassen.

Ein falscher Betrag für die Dividende kann dazu führen, dass Sie zu früh verkaufen oder kaufen. Beides ist nicht sehr lukrativ. Beim Kauf kann es sogar zu Verlusten führen. Achten Sie also nicht zu sehr darauf, was irgendwelche Analysten von sich geben. Das können Sie auch selbst ausrechnen.

Unternehmensmeldungen mit Einfluss auf die Rendite

In der Regel sollten Sie sich nicht von dem Auf und Ab an der Börse ablenken lassen, doch manchmal veröffentlichen Unternehmen wichtige Nachrichten, die Ihre Dividende betreffen. Ist das Unternehmen wichtig genug, werden diese Meldungen auch über die normalen Nachrichten verbreitet.

Richtig wichtige Meldungen über großen Unternehmen, werden Sie also nicht verpassen. Diese Meldungen verändern in der Regel die Dividendenhöhe und damit auch die Grundlage Ihres Investments.

Berechnen Sie Ihre Kurse neu und prüfen Sie Ihr Portfolio

Aufgrund von solchen Meldungen bewerten Sie also Ihre Kurse neu. Unter Umständen ist eine Anpassung der Ausstiegskurse notwendig. Eventuell sind die Renditen nun nicht mehr wie gewünscht. Je nach Wert sollten Sie über einen möglichen Ausstieg nachdenken. Hoffen Sie nicht auf eine Besserung, vertrauen Sie Ihren Berechnungen und halten Sie sich an Ihre Strategie. Lieber einen möglichen zusätzlichen Gewinn verpassen, als einen Verlust zu erleiden.

RWE musste dramatisch agieren nach unvorhersehbarem Eingriff aus der Politik

RWE drohte 2013, die Dividende drastisch zu senken. Dabei sollte die Dividende halbiert werden. Davon waren viele betroffen, unter anderem auch ein Bundesland. Das Bundesland kalkulierte mit der Dividendeneinnahme. Diese Nachricht wurde auch von den normalen Medien aufgegriffen. Meldungen mit derartiger Auswirkung werden nicht nur von Wirtschaftsnachrichten geteilt.

Wenn also wichtige und extreme Nachrichten über den Gewinn oder direkt über die Dividende verbreitet werden, sollten Sie Ihre Berechnungen erneut mit den angepassten Werten vornehmen. Handeln Sie dann entsprechend Ihrer Ergebnisse.

Kapitel 7

Schritt 5 – Handeln, wenn die Kurse erreicht sind

Einstiegskurs eingetroffen – schneller Check

Ihre Watchlisten sind scharf und bereit, Sie zu informieren. Sie erhalten eine E-Mail beim Erreichen der Kurslimits. Das Erreichen des unteren Kurslimits ist Ihr Kaufsignal. Bevor Sie investieren, sollten Sie schnell noch einige Checks vornehmen.

Checkliste vor dem Kauf

- Tagesmeldungen
- Meldungen der Woche
- Kursverlauf
- Chart mit Meldungen
- Höhe der Dividende

Analysieren Sie den Grund für das Eintreffen Ihres Einstiegskurses

Wenn Sie ein Kaufsignal erhalten, sollten Sie zuerst die aktuellen Umstände untersuchen, die zum Erreichen des Einstiegskurses geführt haben. Prüfen Sie die Meldungen Ihres Kandidaten. Sie sollten verstehen, ob eine aktuelle

Meldung, Ihren berechneten Einstiegskurs revidiert. Unter Umständen sollten Sie Ihre Berechnung anpassen und eine höhere Dividendenrendite fordern, denn Sie wollen nicht aufgrund einer falschen Annahme kaufen.

Prüfen Sie, ob das Ereignis für die komplette Branche gilt

Die letzten Meldungen seit dem starken Kursrückgang sind interessant. Diese geben gute Hinweise darauf, ob der aktuelle Kursrückgang normal ist, also von den Geschäftszahlen herrührt oder mit der Branche selbst zu tun hat.

Überfliegen Sie die Meldungen. Suchen Sie nach Einwirkungen von außen auf die Aktie. So erkennen Sie auch, ob etwas Besonderes vorgefallen ist. Eventuell ist eine hohe Schadensersatzforderung gestellt worden. Vielleicht passierte ein dramatisches Ereignis, das auf die ganze Branche oder Wirtschaft Einfluss hat.

Prüfen Sie dann die allgemeine Lage und blicken Sie auch kurz auf den Index, in dem die Aktie gelistet wird. Gehen alle Kurse zurück? Ist dies das Ergebnis eines bevorstehenden Börsencrashs?

Teilen Sie die Nachrichten in zwei Kategorien ein. Einmal in „von innen" verursacht und in „von außen" verursacht. Von außen verursachte Kursrückgänge können erneut in zwei Bereiche eingeteilt werden. In *heftig aber kurz* und in *fundamental wichtig*.

Normaler Kursrückgang wegen der Geschäftszahlen

Wenn die Geschäftszahlen den Erwartungen entsprechen, können die Kurse trotzdem fallen. Das erklärt auch den Kurskorridor pro Jahr. Dies kann durch zu hohe Erwartungen erfolgen.

Spekulanten hoffen auf Geschäftszahlen, welche die Erwartungen übertreffen. Sie kaufen Wertpapiere mit der Einschätzung, dass die Gewinne deutlich höher ausfallen werden und damit deutlich höhere Kurse rechtfertigen. So würden die Spekulanten einen schnellen Profit machen können.

Wenn der Gewinn aber im Rahmen der Erwartungen bleibt, dann werden die Kurse nicht so schnell um den erhofften Betrag steigen. Der Spekulant verkauft nun, um sein Geld woanders einzusetzen. Durch den Verkauf sinken die Kurse auf ein „normales" Niveau zurück.

Kurz und heftiges Ereignis

Die heftigen und kurzen Ereignisse haben einen vorübergehenden Effekt auf die Gewinne. Dennoch kann dieser Effekt mehrere Monate dauern. Das ist gut für Sie, denn Sie erhalten die Aktie sehr günstig. Das betrifft auch sogenannte „Politische Börsen", bei denen Ereignisse der Politik die Kurse kurzfristig stark ausreißen lassen.

Da Sie nicht an Spekulationen interessiert sind, sondern an nachhaltigen und wiederkehrenden Zahlungen, stellen diese kurzen Einbrüche kein Problem dar. Im Gegenteil, diese Einbrüche bieten Ihnen günstige Preise.

Sie sollten den Einstiegskurs jedoch neu berechnen. Erhöhen Sie Ihre geforderte Dividendenrendite. Versuchen Sie aber nicht, zu spät einzusteigen. Setzen Sie diesen Kandidaten einfach wieder auf Ihre Watchliste.

Fundamentale Ereignisse

Fundamentale Ereignisse können die Gewinne nachhaltig gefährden, beziehungsweise reduzieren. Hier müssen Sie die Kurse neu berechnen.

Haben Sie bereits die betroffene Aktie im Portfolio, prüfen Sie, ob die neue Rendite weiterhin für Sie in Ordnung ist. Berücksichtigen Sie dabei Ihren gezahlten Preis und nicht den aktuellen Kurs. Ansonsten sollten Sie überlegen auszusteigen.

Überstürzen Sie aber nichts. Die neu berechneten Kurse helfen Ihnen, das Verhältnis zu bestimmen, wie schnell und ab wann Sie spätestens handeln sollten. Sie erfahren den Abstand der neuen Kurse zum aktuellen Kurs, dies bestimmt dann Ihr Handeln.

Fundamentale Ereignisse sind oft von sehr langer oder unbestimmter Dauer. Das könnten Gesetzesänderungen sein, oder die Aufsichtsbehörden haben entdeckt, dass die Bilanzen jahrelang gefälscht wurden und die Gewinne viel niedriger ausfielen, als veröffentlicht wurde.

Steht eine Dividendenausschüttung unmittelbar bevor?

Wenn eine Dividende ausgezahlt wird, fehlt dieses Geld dem Unternehmen. Es ist damit sofort um den ausgezahlten Dividendenbetrag weniger wert. Theoretisch.

Der Dividendenbetrag wurde schon durch die Investoren vorab von Unternehmen herausgerechnet. Darum sollte sich der Kurs nicht bewegen. Theoretisch.

In der Praxis sieht es genauso aus, dass man kaum vorhersagen kann, um wie viel der Kurs einbrechen wird. Es sind zu viele Faktoren beteiligt. Zum Beispiel die Aussichten des Unternehmens, die Anzahl der Auszahlungen im Jahr und die Erwartungen der Marktteilnehmer. Es kann also auch sein, dass der Aktienkurs nicht nachgibt.

Wir sollten auf Nummer sicher gehen und auf die Dividendenausschüttung warten, wenn diese in naher Zeit erfolgt. Ist der Einstiegskurs erreicht und die Dividende wird in 1–2 Wochen gezahlt, dann sollten wir noch mit dem Einstieg warten.

Wenn der Kurs stark anzieht, können wir immer noch einsteigen. Da wir auf ein langfristiges Investment zielen, spielt ein oder zwei Euro mehr oder weniger keine Rolle. Doch die Wahrscheinlichkeit, einen noch besseren Einstiegskurs zu erhalten, ist hoch. So dass direkt nach der Dividendenausschüttung der Einstieg erfolgen kann.

Das Erreichen des Einstiegskurses ist nur ein Signal, dass die Aktie derzeit ein interessantes Investment darstellt. Ein sofortiger Einstieg ist nicht zwingend nötig.

Also warten Sie noch etwas auf den Einstieg, wenn die Dividendenausschüttung 1–3 Wochen entfernt liegt, bei Aktien welche öfter im Jahr eine Dividende zahlen. Bei Aktien, welche nur einmal im Jahr auszahlen, können Sie auch einen Monat warten.

Aber beobachten Sie den Kurs. Sollte dieser anziehen, müssen Sie nicht auf die Dividende warten.

Prüfen Sie den Kursverlauf

Anschließend bewerten Sie den Kursverlauf. Ein Chart mit Nachrichten zu Ereignissen, gibt Ihnen eine gute Übersicht, wann die Meldungen veröffentlicht wurden und welchen Einfluss diese auf den Kurs hatten.

Hier bietet *finance.google.com* ein sehr gutes Werkzeug. Suchen Sie nach der Aktie und Sie sehen im Chart die entsprechenden Meldungen. Sehen Sie sich auch den 5-Tage-Chart, 1-Monats und 6-Monate-Chart an.

Der Kursverlauf hilft beim Einpendeln in den Einkaufskurs

Um nicht in das fallende Messer zu greifen, sollten Sie etwas abwarten, bis es auf den Boden fällt und liegen bleibt.

Sie sollten niemals in einen fallenden Kurs hinein kaufen. Die Chancen stehen gut, dass dieser Kurs noch weiter fällt und Sie einen besseren Einstiegskurs erhalten. Warten Sie auf das Abflachen des Aktienkurs-Kurve.

In der Regel sind Kursbewegungen schnell und heftig. Anschließend folgt eine Phase der Konsolidierung. In dieser Phase bewegt sich der Kurs sehr wenig.

Bildung des Bodens abwarten

Auch wenn sie nicht den optimalen Zeitpunkt abpassen können, sollten Sie dennoch nicht in den Kurssturz hinein kaufen. Hier ist Geduld der beste Ratgeber. Entspannen Sie sich, denn Sie nutzen die clevere Strategie, ohne Stress. Sobald der Kursverlauf immer flacher wird, können Sie sich auf den Kauf vorbereiten.

Sie werden nie den besten Einstiegskurs abpassen können

Um Zeit zu sparen, können Sie bei den ersten deutlichen Anzeichen einer Bodenbildung einsteigen. Wenn Sie zu lange warten, laufen Sie eher Gefahr, dass der Kurs sich wieder vom Einstiegskurs weg bewegt. Die paar halben Prozentpunkte, welche Ihnen entgehen könnten, würden Sie in der Regel kaum spüren. Sobald der Kurs sich stabilisiert hat, können Sie also kaufen. Sie sollten dennoch immer mit einer weiteren kleinen Kurskorrektur rechnen. Das bewahrt Sie vor Überraschungen.

Für ein Investment muss die Dividende stimmen

Solange Ihre erwartete Dividendenrendite erreicht wird, ist der Zeitpunkt zum Einsteigen auch richtig. Alles andere ist Zocken. Das Abwarten und Ermitteln des besten Zeitpunkts kostet Sie nur Zeit und Nerven. Dazu können Sie nie wirklich sicher sein, dass der von Ihnen gewählte Zeitpunkt der beste ist.

Denken Sie an Ihren initialen Grund für Ihr Investment: *Das Wertpapier für immer zu halten.*

Sie möchten durch eine hohe und jährlich steigende Rendite eine ewige Rente beziehen und damit finanziell unabhängig leben.

Im Laufe der Jahre sollten die Dividenden weiter angehoben werden. Denn die etablierten Unternehmen müssen mindestens die Inflationsrate verdienen. Damit steigt auch die Dividende und Ihre Dividendenrendite.

Die Dividenden-Hebel-Strategie liefert aufgrund der historischen Daten einen guten Einstiegskurs, ab dem höchst wahrscheinlich der Kurs wieder steigen wird. Dieser Kurs darf aber nicht ohne Berücksichtigung der Dividende genutzt werden. Vor dem Kauf sollten Sie deshalb nochmal die Dividende prüfen.

Höhere Sicherheit durch Beachtung von Dividende und Einstiegskurs

Eine Sicherheit in Bezug auf Ihr Investment erreichen Sie durch Berücksichtigung beider Werte, der Dividende und des Einstiegskurses. Damit verhindern Sie, in einen überteuerten Markt einzusteigen.

Wenn der Einstiegskurs erreicht wurde, aber die Dividende nicht Ihren Erwartungen entspricht, sollten Sie nicht alles verfügbare Kapital investieren. Diesen Kandidat können Sie mit Ihrem 10%-Risikokapital kaufen.

10 % als Risikokapital einsetzen

Bei risikoreichen Anlagen können Sie Ihre Sicherheit erhöhen, indem Sie nur einen kleinen Teil Ihres Kapitals einsetzen. Investieren Sie maximal 10 % in risikoreiche Anlagen.

Risikokandidaten sind Ihre Wertpapierkandidaten mit niedrigen Renditen

Risikoreiche Anlagen sind Ihre Kandidaten, dessen Einstiegskurse erreicht wurden, aber deren Dividendenrenditen nicht ausreichen, um ein Investment zu rechtfertigen.

Sie riskieren Ihr Kapital in Aktien, die Ihren strengen Auswahlkriterien entsprechen. Im Allgemeinen haben niedrige Renditen einen zu starken Hebel und gelten damit nicht als gute Investitionskandidaten. Kennzeichen Sie alle von Ihnen gefundenen Wertpapiere als 10%-Risikokapitalkandidaten, die eine sehr geringe Dividendenrendite vorweisen.

Jede Aktie mit weniger als 3 % Dividendenrendite können Sie als Risikokandidat ansehen. Sie können diesen Grenzwert für sich anpassen. Wenn Sie genug Kandidaten haben, können Sie diesen Wert anheben. Eine Reduzierung auf unter 2,5 % kann gefährlich werden.

Bei niedrigen Renditen können die Kurse große Sprünge machen

Niedrige Renditen bewirken oft große Bewegungen im Aktienkurs. Wenn für eine Aktie mit 1,5 % Rendite, die Dividendenrendite auf 1,0 % sinkt, dann hat sich der Kurs um 50 % verändert.

Rendite	Dividende	Aktienkurs
1,50 %	1,50	100,00
1,00 %	1,50	150,00

Es gibt viele 10%-Risikokandidaten. Deren Kurs-Korridor zeigt diesen großen Spielraum oft über Jahre hinweg. Dennoch sind diese Kandidaten riskant, da man deren Überbewertung viel schlechter erkennen kann. Gerade bei diesen Aktien kann die Anwendung der Wellenschnitt-Taktik Ihr Risiko reduzieren, wenn Sie sich beim Ausstiegskurs verschätzen.

Risikokapital ist nur optional

Der Einsatz von Risikokapital ist optional und nur für Personen geeignet, welche genügend Kapital haben und etwas an der Börse spielen möchten. Natürlich können Sie den Betrag auch reduzieren. Ich rate Ihnen aber ab, diesen Betrag zu erhöhen.

Vermeiden Sie reines Spekulieren

Die höhere Kursrendite sollte Sie nicht verleiten, nur noch in 10%-Risikokandidaten zu investieren. Die höhere Kursrendite kommt mit einem höheren Risiko.

Seien Sie sich im klaren, dass die 10%-Risikokapital-Taktik immer einen Verlust einbringen kann. Bitte glauben Sie nicht, dass Sie immer gewinnen. Besonders dann nicht, wenn Sie mehr als 10 % investieren.

Verluste können mit der Zeit wieder verdient werden

Deswegen sollten Sie nur einen kleinen Betrag einsetzen. Wenn dieser Betrag verloren geht, können Sie diesen Verlust mit Ihren anderen Einnahmen kompensieren.

Wenn Sie das oft genug machen, werden Sie in der Summe einen Überschuss erzielen. Doch es ist sehr wichtig, nicht alles auf einmal zu investieren. Denn sonst wird es sehr schwer, das verlorene Kapital zurückzugewinnen.

Die Auswahl der Kandidaten spielt ebenfalls eine Rolle. Risikokapital bedeutet nicht, einfach alles zu kaufen, was sich anbietet. Vielmehr ermitteln Sie durch eine entsprechende Vorab-Analyse aussichtsreiche Kandidaten, in die Sie dann investieren. Nutzen Sie nur Ihre Wertpapierkandidaten.

Wann haben Sie die Verluste wieder eingeholt?

Es kann passieren, dass der Kurs Ihrer Aktie unter den Einstiegskurs rutscht. Das ist aber kein Beinbruch, solange Sie Ihre Wertpapierkandidaten richtig ausgewählt haben. Wenn ein Kurs sich halbiert, bedeutet dies nicht, dass der Kurs nun wieder 100 % an Wert zulegen muss. Denn die Rechnung sieht etwas anders aus. Ihre Aktie liefert eine Dividende. Diese und die folgenden Dividenden addieren Sie zum aktuellen Kurs hinzu.

Damit bestimmen Sie den tatsächlichen Verlust. Wenn Sie den Verlust derart ermitteln, können Sie schneller wieder aussteigen, als Sie denken.

Handeln nach Nachrichten

Ihr 10%-Risikokapital können Sie wunderbar für einen kurzfristigen Handel auf Basis von schlechten Nachrichten einsetzen. Wenn das Unternehmen selbst an sich gut ist und Sie grundsätzlich einen Kauf in Betracht ziehen würden, könnten Sie in diese Aktie einsteigen, sobald die Nachrichten einen kurzfristigen Kursrückgang verursachen.

Der Unterschied zum Schnäppchenhandel liegt darin, dass Sie beim reinen Nachrichtenhandel nur Kandidaten aus Ihrer Wertpapierauswahl kaufen sollten und die Haltedauer sehr kurz ist. Die Schnäppchenjagd selbst kann auch auf andere Wertpapiere ausgeweitet werden.

Vorab-Anforderungen an Kandidaten

In der Regel ist der aktuelle Kurs höher als der von Ihnen gewünschte Einstiegskurs. Erfolgt nun eine schlechte Nachricht mit kurzfristigem Effekt, kann der Kurs sehr schnell und ohne richtigen Grund tiefer fallen, als es tatsächlich gerechtfertigt wäre.

Sie können diese Chance nutzen. Denn in der Regel fallen die Kurse 2–3 Tage lang, um sich dann wieder zu erholen und auf den alten Wert zurück zu pendeln.

Für derartige Kursbewegungen müssen Ihre grundsätzlichen Überlegungen zur Aktie immer noch gültig sein. Die Zahlen des Unternehmens sollten ebenfalls kaum eine Veränderung erlitten haben. Die Nachrichten beziehen sich im Grunde auf zukünftige und nicht auf lang anhaltende beeinflussende Tatsachen, wie zum Beispiel eine mögliche Klage oder Strafzahlungen in geringerer Höhe.

Die Nachrichten bestätigen eher das Nichterreichen von Spekulationszielen

Gerade Nachrichten über bevorstehende Strafen oder Gerichtstermine sind gute Gründe für ein kurzes Einknicken der Kurse. In der Regel erwarten Spekulanten einen viel höheren Gewinn, als allgemein angenommen wird. Bei überraschend guten Gewinnen steigen dann die Kurse schnell und der Spekulant macht einen guten Schnitt.

Schnelle massive Verkäufe bieten die Möglichkeit für einen Einstieg

Jede Meldung, welche den Gewinn nur etwas schmälern könnte, ist darum gefährlich. Denn Spekulanten pokern in der Regel auf einen höheren Gewinn, als normalerweise zu erwarten wäre.

So wird die Aktie schnell wieder verkauft. Diese Verkäufe können einen Kursrutsch auslösen und werden von normalen Anlegern oft falsch interpretiert. Die überraschten Anleger reagieren dann übertrieben und verkaufen ihrerseits. Die Kurse fangen an, schnell zu sinken. Sie können diesen Effekt gut für sich nutzen und nach der Bodenbildung einsteigen. Denn der tatsächliche Wert des Unternehmens ist immer noch vorhanden. Man kann höchstens davon ausgehen, dass die Erwartungen der Gewinne nicht enorm übertroffen werden.

Streuen Sie Ihr Risiko auf mehrere Kandidaten

Sie können Ihr Risikokapital auf mehrere Kandidaten verteilen. Durch die Streuung erhöhen Sie die Chancen eines Gewinns und reduzieren das Risiko eines Totalverlusts.

Wenn ein Investment das Spekulationsziel erreicht hat, ist der Gewinn oft höher als die Verluste der anderen Kandidaten. In der Regel werden kaum alle Ihre Risikoinvestments einen Totalverlust erleiden. Dafür sorgt schon die strenge Auswahl für Ihre Wertpapierkandidaten.

Beispiel mit 3 Kandidaten

Rendite-kauf	Rendite-verkauf	Dividende	Gewinn/ Verlust	Mit Dividende Gewinn/Verlust
1,50 %	1,00 %	1,50	50,00	51,50
1,50 %	1,75 %	1,50	-14,29	-12,79
1,50 %	2,00 %	1,50	-25,00	-23,50
			10,71	**15.21**

Erläuterung der Berechnung

Beim ersten Kandidaten kostet die Aktie 100 € und liefert eine Dividende von 1,50 €, also 1,50 % Rendite.

$$\frac{Dividende}{Aktienkurs} \times 100 = Rendite\,(\%)$$

Der Aktienkurs steigt. Da die Dividende gleich bleibt, sinkt die Dividendenrendite zum steigenden Aktienkurs. Wenn die Rendite nur noch 1 % bringt, ist bei einer Dividende von 1,50 € der Aktienkurs auf 150 € gestiegen.

$$\frac{Dividende}{Rendite\,(\%)} \times 100 = Aktienkurs$$

Der zweite Kandidat kostet ebenso 100 €. Die Rendite steigt von 1,50 % auf 1,75 %. Damit liegt der Aktienkurs bei 85,71 € und der Verlust somit bei 14,29 € oder eventuell niedriger, wenn die Dividende ausgezahlt wurde.

Der dritte Kandidat verliert sogar noch mehr. Der Kurs sinkt auf 75 € und der Verlust liegt bei 25 €.

Summieren wir die Zahlen, bleibt uns ein Gewinn von 10,71 € beziehungsweise 15,21 €.

Bei 3 x 100 € = 300 € Kapitaleinsatz, ergeben die 10,71 € eine Rendite von 3,57 %.

In 4 Pakete verteilen

Sie können Ihr Geld auch auf 4 verschiedene Anlagen verteilen. Damit sinkt das Risiko für einen größeren Verlust Ihres Risikokapitals. Diese Anlagen an sich bergen ein höheres Risiko, was aber durch eine deutlich höhere Rendite wieder wettgemacht wird. Dieses Vorgehen erfordert aber deutlich mehr Aufwand und ist hier für die sehr risikoscheuen Anleger aufgeführt.

Idealerweise führen Sie zwei Konten. So können Sie das Risikokapital entsprechend besser verwalten und vermischen das Geld nicht mit Ihren anderen Gewinnen. Selbstdisziplin hilft natürlich auch.

Sie können bei einem Betrag von 1.000 Euro, jeweils 250 Euro auf einen Kandidaten setzen. Wenn ein Kandidat schnell einen Sprung nach vorne macht, kann dies in einem Monat durchaus 20 % Gewinn ausmachen.

1 Paket kompensiert 3 ausgefallene Pakete

Wenn Sie das Risikokapital über einen längeren Zeitraum einsetzen und nur eine Verzinsung von 16 % annehmen, können die Verluste der anderen Spekulationen schnell aufgefangen werden.

Beispiel

1.000 Euro à 250 Euro sind 4 Investments.

Angenommen, Sie verlieren 3 der 250-Euro-Anlagen im 29ten Jahr und die übrig gebliebene Anlage hat sich mit durchschnittlichen 16 % im Jahr behaupten können. Dann haben Sie nach 30 Jahren 18.500 Euro.

Es spielt keine Rolle, wie viel Gewinne die anderen Investitionen eingebracht haben, da wir davon ausgehen, dass diese einen Totalverlust erlitten. So haben wir dennoch einen ordentlichen Betrag. Wenn Sie nun jeden Monat 1.000 Euro nach diesem System einsetzen würden, addieren sich die Summen entsprechend.

Probieren Sie es mit meinem Online-Investmentrechner selbst aus: *https://dividendenhebel.de/investment-rechner/*

Beispielberechnung eines Gewinners

Jahr	Start-Kapital	16 % Rendite	End-Kapital
1	250,00 €	40,00 €	290,00 €
2	290,00 €	46,40 €	336,40 €
3	336,40 €	53,82 €	390,22 €
4	390,22 €	62,44 €	452,66 €
5	452,66 €	72,43 €	525,09 €
6	525,09 €	84,01 €	609,10 €
7	609,10 €	97,46 €	706,55 €
8	706,55 €	113,05 €	819,60 €
9	819,60 €	131,14 €	950,74 €
10	950,74 €	152,12 €	1.102,86 €
11	1.102,86 €	176,46 €	1.279,32 €
12	1.279,32 €	204,69 €	1.484,01 €
13	1.484,01 €	237,44 €	1.721,45 €
14	1.721,45 €	275,43 €	1.996,88 €
15	1.996,88 €	319,50 €	2.316,38 €
16	2.316,38 €	370,62 €	2.687,00 €
17	2.687,00 €	429,92 €	3.116,92 €
18	3.116,92 €	498,71 €	3.615,63 €
19	3.615,63 €	578,50 €	4.194,13 €
20	4.194,13 €	671,06 €	4.865,19 €
21	4.865,19 €	778,43 €	5.643,62 €
22	5.643,62 €	902,98 €	6.546,60 €
23	6.546,60 €	1.047,46 €	7.594,06 €
24	7.594,06 €	1.215,05 €	8.809,10 €
25	8.809,10 €	1.409,46 €	10.218,56 €
26	10.218,56 €	1.634,97 €	11.853,53 €
27	11.853,53 €	1.896,56 €	13.750,10 €
28	13.750,10 €	2.200,02 €	15.950,11 €
29	15.950,11 €	2.552,02 €	18.502,13 €
30	18.502,13 €	2.960,34 €	21.462,47 €

Ausstiegskurs eingetroffen – Kurze Prüfung

Sobald Ihr Ausstiegskurs erreicht ist, erhalten Sie eine Benachrichtigung von Ihrer Watchliste. Der aktuelle Kurs berührt den oberen Kurskorridor, beziehungsweise reicht an den unteren Renditekorridor. Damit steigt die Wahrscheinlichkeit, dass der Kurs wieder fallen wird.

Prüfen Sie vor dem Verkauf noch schnell die Meldungen über die Gewinne und zukünftigen Erwartungen des Unternehmens. Eventuell hat sich der Gewinn enorm verbessert und die Dividende wurde oder wird in Kürze angepasst. Die Meldungen sollten nicht auf Vermutungen beruhen, hier zählen nur Fakten.

Eine Anpassung der Dividende erfordert eine neue Berechnung Ihrer Einstiegs- und Ausstiegskurse. Machen Sie also eine neue Berechnung der Kurse mittels der neuen Dividende und prüfen Sie, ob der neue Ausstiegskurs ebenfalls erreicht wurde oder nahe dran liegt. Wenn ein Verkauf immer noch ratsam ist, dann verkaufen Sie.

Halten Sie den Erlös vom Verkauf bereit, um den nächsten Einstiegskandidaten zu kaufen. Zahlen Sie sich den Gewinn nicht aus, bevor Sie Ihre finanzielle Freiheit erreicht haben. Sonst verlangsamen Sie Ihr Wachstum.

Übertriebene Kurse als Spekulationsgewinn einstecken

Bei übertrieben hohen Kursen kann es sich lohnen, den erreichten Spekulationsgewinn zu kassieren. Zwar haben Sie nicht darauf spekuliert, doch wenn sich die Gelegenheit bietet, können Sie zugreifen.

In der Regel kaufen Sie, um das Wertpapier zu halten und die Dividenden als Rendite einzunehmen. Doch wenn der Kurs zu hoch ist und ein Fallen des Kurses zu erwarten ist, sollten Sie den Gewinn mit der Aktie realisieren. Sie können dann nach dem Kursrückgang wieder einsteigen.

Nutzen Sie realisierten Gewinn für weitere Investments

Mit dem realisierten Gewinn, der viel höher liegt, als die Rendite mehrerer Jahre, kaufen Sie mehr Aktien. Damit erhöhen Sie Ihre Einnahmen stetig durch mehr Dividenden.

Zu hohe Kurse als Vorboten für eine Kurskorrektur

Sie reduzieren durch den Verkauf auch das Kursrisiko für Ihre Aktie. Das Aussteigen schützt Sie vor einer größeren Kurskorrektur. Wer hoch fliegt, kann auch tief fallen.

Wenn Sie der Dividenden-Hebel-Strategie folgen, sollten Sie in der Regel kaum investiert sein, wenn der Crash eintrifft. Denn kurz vor einem Crash sind die Preise von fast allen Wertpapieren viel zu hoch und die entsprechenden Ausstiegskurse sollten schon längst alle überschritten sein.

Durch die nun hohen Preise und die niedrigen Renditen ist es auch schwierig, neue Einstiegskandidaten zu finden. Das schützt Sie vor einem Einstieg, bevor die große Kurskorrektur unmittelbar beginnt.

Kurs beobachten, statt sofort zu verkaufen

Sollten Sie den Ausstiegskurs ausreizen wollen, können Sie den Kurs täglich beobachten und einen weiteren Kursanstieg mitnehmen. In der Regel springen die Kurse sehr schnell nach oben und bremsen dann über 1–3 Tage langsam ab. Die Kurse hangeln sich immer von einem Plateau zum anderen. Bei jedem Plateau bestimmt der Markt die neue Richtung des Kurses. Wenn Sie Spaß am Verfolgen der Kurs-Rallye haben, können Sie den Kurs beobachten und auf das Erreichen eines Plateaus warten. Verkaufen Sie, sobald er nicht mehr signifikant ansteigt oder gar fällt. Hier hilft eine automatische Stop-Loss-Order bei Ihrem Broker.

Stop-Loss für den Ausstieg

Eine Stop-Loss-Order ist eine Verkaufsorder, die ausgelöst wird, sobald der Kurs einen bestimmten Wert unterschreitet. So können Sie etwas unter dem aktuellen Kurs Ihren Trigger-Wert für den Verkauf platzieren. Dieser Stopp-Loss kann immer wieder nachgezogen werden. Doch Vorsicht. Wenn der Kurs mit einem Crash abstürzt, kann es sein, dass Ihre Order weit unter dem erwarteten Verkaufskurs an der Börse ausgeführt wird.

Wenn Sie zu früh ausgestoppt wurden, freuen Sie sich über den Gewinn. Denn Sie investieren und wollen nicht zum Spekulanten mutieren. Entgangene Gewinne gibt es nicht. Schauen Sie nicht auf das, was noch alles hätte kommen können. Sagen Sie sich immer folgendes: *Ich habe meinen Gewinn realisiert.*

Denn wenn sich der Kurs schnell wieder dreht und zu rutschen beginnt, dann wird es auch für die Stopp-Loss-Order eng. Je nachdem, wie Sie diese Stopp-Loss-Order konfiguriert haben, kann diese unter Umständen nicht ausgeführt werden, da keine Käufer vorhanden sind.

Verlust

Es kann passieren, dass der Kurs nach dem Einstieg weiter fällt. Auch wenn der Kurs sich nun auch länger unter dem Einstiegskurs befindet, ist dies nicht sofort ein Verlust.

Der Verlust wird erst durch den Verkauf realisiert. Wenn sich aber die Situation des Unternehmens stark verändert hat und man absehen kann, dass eine Erholung sehr lange auf sich warten lassen wird, dann kann man einen Verkauf überlegen.

Wir dürfen nicht vergessen, dass kein System kugelsicher ist. Es kann immer etwas Ungewöhnliches passieren. Deswegen sollte man auch ein Ausstiegsszenario einplanen. Ja, wir zielen auf die Dividende statt auf den Kursgewinn, doch wenn sich die Dividende ebenfalls verschlechtert, ist ein Verkauf in Betracht zu ziehen.

Sollte der Aktienkurs um die mögliche Kursspanne fallen, und die Dividende reduziert werden, dann ist es Zeit zu verkaufen. Doch vorher schnell die Nachrichten und die allgemeine Stimmung prüfen. Ist der Zustand absehbar anhaltend, oder wird sich dies schnell wieder einpendeln?

Langsames Aussteigen als Option

Wenn Sie nicht alles auf ein weiteres Ansteigen setzen und dennoch nicht sofort verkaufen möchten, können Sie auch in Etappen verkaufen.

Verkaufen Sie sofort die Hälfte Ihrer gehaltenen Aktien des Verkaufskandidaten. Mit jedem weiterem Erreichen eines Plateaus, verkaufen Sie erneut die Hälfte. Solange, bis Sie ganz aussteigen wollen oder es keinen Sinn hat, die Position zu halbieren. Denken Sie an Ihre Ordergebühren.

Aussteigen

Ist es soweit und Sie möchten aussteigen? Dann gratuliere ich Ihnen. Seien Sie nicht zu gierig und riskieren Sie nicht unnötig Ihr Vermögen.

Das Aussteigen kann auf zwei Arten erfolgen. Erstens: direkter Verkauf und das Geld erhalten. Platzieren Sie eine Verkaufsorder mit einem limitierten Preis und warten auf die Ausführung.

Aussteigen durch Schreiben von Optionen

Zweitens: Bieten Sie Optionen auf Ihre Aktien an. Das bedeutet, Sie verkaufen Optionen auf Ihre Aktien, so dass Sie sich verpflichten, Ihre Aktien zu einem bestimmten Preis zu verkaufen. Damit wird das Risiko gleich Null, einen Verlust durch die Optionen selbst zu machen.

Sie erhalten für Ihre Optionen eine Prämie, also Geld. Wenn die Option verfällt und der Kurs weiter gestiegen ist, erhalten Sie den zuvor vereinbarten Verkaufspreis zusätzlich zur Prämie. Sollte der Kurs fallen, wird keiner die Optionen einlösen und Sie behalten die Prämie und verkaufen Ihre Wertpapiere nochmal über Optionen oder ganz normal an der Börse mittels einer Verkaufsorder. Vorsicht der Kurs könnte stark gesunken sein.

Das Anbieten von Optionen ist nur etwas für erfahrene Aktieninvestoren

Für diese Art zu verkaufen sollten Sie Optionen mit einer sehr kurzen Laufzeit anbieten. Das Anbieten von Optionen ist nur was für Anleger mit Erfahrung. Sie müssen die Risiken von Optionen verstehen. Für die meisten ist die erste Variante vollkommen ausreichend und optimal.

Ich erwähne die Möglichkeit der Optionen nur der Vollständigkeit halber. Sie eignet sich oft für eine sehr hohe Anzahl an Aktien, ohne damit den Kurs sofort zu beeinflussen.

Ein weiterer Vorteil, über Optionen zu gehen, ist die Möglichkeit, von einem kleinen Ausbrecher profitieren zu können, ohne das eigene Aktienpaket zu verkaufen.

Wenn der aktuelle Aktienkurs aber viel zu hoch ist, sollten Sie einen schnellen Ausstieg bevorzugen.

Optionen nur anbieten für im eigenen Besitz befindliche Aktien

Hat man einige Jahre mit Aktien gehandelt, kann man sich über das Verkaufen von Optionen schlau machen. Das Verkaufen von Optionen wird auch Schreiben von Optionen genannt. Ich beziehe mich hier ausdrücklich auf das Schreiben von Optionen auf Aktien, die auch in Ihrem Wertpapierdepot liegen.

Das Schreiben von Aktien, die Sie nicht besitzen, ist sehr gefährlich. Diese sogenannten Leerverkäufe können zum Totalverlust und darüber hinaus führen. Im schlimmsten Fall, müssen Sie diese Aktien teuer einkaufen, um dann auszuliefern.

Keine Einstiegskandidaten verfügbar?

Tun Sie Nichts. Wirklich. Wenn keine Kandidaten verfügbar sind, sollten Sie das Geld nicht sinnlos in ein Wertpapier stecken. Sie werden es brauchen, sobald sich eine entsprechende Gelegenheit ergibt.

Nichts ist schlimmer, als zu spät in eine Aktie zu investieren und dann mit anzusehen, wie der Kurs zurück auf Ihren berechneten Einstiegskurs sinkt.

Es entgehen Ihnen keine Renditechancen

Vielleicht wenden Sie ein: „Aber wenn wir nicht investieren können, dann entgeht mir die Rendite." Im Grunde haben Sie Recht. Doch die meisten Aktien bewegen sich in der Regel schnell und kurz, um dann eine Weile auf einem stabilen Preisniveau zu verharren. Zumindest können Sie das bei Ihren Kandidaten oft genug mit ansehen.

Wenn Sie also 10 Monate nicht handeln können, sind für eine gute Rendite noch 2 Monate Zeit. Wenn Sie nach den 10 Monaten einen geeigneten Kandidaten finden, erreichen Sie Ihre Rendite dennoch. Sie waren aber nicht die ganze Zeit investiert und bezahlten auch keinen höheren Preis. Durch die kurze Haltedauer haben Sie sogar Ihr Risiko reduziert.

Das Gleiche kann Ihnen mit einem Kandidaten passieren, bei dem Sie ideal eingestiegen sind und 10 Monate lang nichts passiert ist. Plötzlich kommt Bewegung rein und der Aktienkurs erreicht Ihren vorab bestimmten Ausstiegskurs.

Manchmal werden die Gewinnerwartungen deutlich übertroffen. Dann scheinen alle auf dieses Pferd springen zu wollen. Es ist unberechenbar und darum umso mehr ein Grund für Sie, sich an die Strategie zu halten.

Liquidität erhalten

Was könnten Sie also mit dem Geld machen, während Sie warten? Am besten in Anlagen investieren, welche sofort wieder liquidiert werden können. Damit sind Sie jederzeit bereit, in einen Einstiegskandidaten zu investieren.

Tagesgeld-Konten werfen kaum etwas ab, aber wenn der Aufwand nicht hoch ist, können Sie das Geld dort parken. Wichtig ist, dass Ihre Anlagevehikel wenig oder kaum Risiko bieten und Sie jederzeit Ihr Geld liquide machen können.

Auch lange Durststrecken werden belohnt

Wenn Sie keine derartige Anlage finden oder nutzen wollen, lassen Sie Ihr Geld auf Ihrem Investmentkonto geparkt, oder überweisen Sie es an sich zurück. Ein Einstiegskandidat wird sich mit der Zeit schon finden.

Ihre Jahresrendite wird nicht durch das Warten auf eine Investitionsmöglichkeit geschmälert, schauen Sie auf einen 5 Jahre langen Horizont. Es kann sogar sein, dass Sie ein ganzes Jahr nicht investieren können, meist kurz vor einer großen Kurskorrektur.

Umso mehr profitieren Sie dann, wenn Sie die Aktien sehr günstig erhalten. Das macht ein verlorenes Jahr schnell wieder gut.

Risikokapital zum Spielen nutzen

Für Wagemutige, die auch mehr Zeit für die Börse aufbringen wollen, ist die 10%-Risikokapital-Taktik eine Möglichkeit, trotz Flaute aktiv zu sein.

Aber auf keinen Fall sollten Sie mehr als 10 % Ihres Kapitals einsetzen. Ansonsten spekulieren Sie zu sehr und ehe Sie sich versehen, ist Ihr Kapital weg. Lesen Sie hierzu das Kapitel über die 10%-Risikokapital-Taktik.

Schnäppchenjagd bei schlechten Nachrichten

Kurzfristige Rücksetzer von Aktienkursen gibt es öfter, als Sie vielleicht denken. Mit flüssigem Kapital können Sie dann gute Käufe machen. Das ist ebenfalls ein guter Grund für einen regelmäßigen Sparplan. So haben Sie immer liquide Mittel verfügbar.

Gründe für Aktienkursrücksetzer sind vielfältig

Viele dieser Aktienkursrücksetzer sind vorübergehend. Die starken Veränderungen am Kurs werden oft durch Panik und Spekulanten ausgelöst und später durch nachfolgende Anleger verstärkt.

Schlechte Nachrichten über Gerichtstermine oder Skandale sind ideal. Spekulanten verkaufen bei schlechten Nachrichten relativ schnell, da die erhoffte höhere Performance des Unternehmens gefährdet ist. Diese Nachrichten lösen Verunsicherungen aus. Die Kurse können durchaus um 5–10 % stürzen.

Maximal 10 % Risikokapital einsetzen

Sofern hier nicht irgendwelche Einstiegskurse erreicht werden, sollten Sie sehr vorsichtig mit der Höhe Ihres eingesetzten Kapitals sein. Am besten Sie setzen hier auf die 10%-Risikokapital-Taktik.

Kursverluste werden schnell wieder gutgemacht

In der Regel erholen sich die betroffenen Aktien innerhalb von 2–3 Tagen wieder. Dann notieren diese Aktien wieder zum alten Kurs.

Schnelle kleine Gewinne für den Erfolg

Hier können Sie einen kleinen und schnellen Gewinn erzielen. Stoßen Sie die Aktien wieder ab, sofern nicht der Einstiegskurs erreicht wurde. Dabei haben Sie schnell 3–7 % Gewinn gemacht. Und das in nur wenigen Tagen.

Dieser Gewinn kann Ihre jährliche Rendite enorm verbessern. Wenn Sie 2–3 Mal im Jahr so eine Gelegenheit finden, haben Sie schnell zusätzlich 15 % Gewinn eingenommen. Ihre Gesamt-Performance kann dabei um 1–2 % ansteigen.

Allgemeine Kurskorrekturen dauern länger

Es gibt auch schlechte Nachrichten für eine gesamte Branche oder für den kompletten Finanzmarkt. Diese Nachrichten bewirken kleinere Kurskorrekturen, aber keinen Börsencrash. Diese kleineren Kurskorrekturen haben meist eine Dauer von 1–2 Monaten.

Hier ist aber Vorsicht angeraten. Der Unterschied zwischen einer kurzfristigen allgemeinen Korrektur und einem echten Crash ist schwer zu erkennen. Vor allem zu Beginn sind diese Kurskorrekturen kaum zu voneinander zu unterscheiden.

Ignorieren Sie die Chance, wenn Sie sich dabei nicht wohl fühlen

Sind Sie sich nicht sicher, dann lassen Sie diese Chancen an sich vorübergehen. Die Sicherheit Ihres Kapitals geht vor. Diese Aufbesserung Ihrer jährlichen Rendite ist nicht zwingend notwendig. Wenn Sie nach einem Crash Ihr Geld noch haben, dann überholen Sie alle kleineren Renditegewinne spielend.

Andererseits riskieren Sie im Grunde maximal nur 10 %. Selbst wenn Sie daneben liegen und ein echter Crash erwischt Sie mit Ihrem Risikokapital, holen Sie den Verlust schnell wieder zurück, da Sie mit 90 % Ihres Kapitals in sehr gute Werte günstig investieren können.

Selbst bei einem Crash haben Sie keine falsche Investition gemacht

Sollte ein Einstiegskurs erreicht werden und die Rendite Ihren Erwartungen entsprechen, dann verlieren Sie im Grunde genommen auch nichts, wenn der Kurs anschließend weiter nachgibt.

Sie erhalten Ihre gewünschte Rendite. Der Kurs wird sich irgendwann wieder erholen, sofern die Geschäftszahlen gleich geblieben sind. Sie können die Dividende nutzen, um Ihren Einkaufskurs zu reduzieren.

Vor dem Crash sind Sie nicht investiert

In der Regel sind Sie bei einem echten Crash kaum investiert. Denn die Ausstiegskurse sorgen für ein vorzeitiges Aussteigen. Die hohen Kurse verhindern einen Einstieg, da die Renditen im unteren Bereich des Rendite-Korridors liegen.

Wenn Sie überhaupt noch investiert sind, dann mit Ihrem 10%-Risikokapital. Dieses 10%-Risikokapital gewinnen Sie sehr schnell wieder zurück, wenn sich die Kurse erholen.

2015 hat China die eigene Währung entwertet, um die eigene Wirtschaft wieder anzukurbeln und deren Exporte erschwinglicher zu machen. Das gab einen herben Rücksetzer. Der DAX ging von 11.500 Punkte auf etwa 9.500 Punkte nach unten. Doch nur für zwei Aktien meiner Kandidaten im DAX wurden die Einstiegskurse erreicht, z. B. *Adidas* bei 66 Euro und *VW* für 166 Euro. Der Kurs von *VW* lag sogar eine kurze Zeit bei 155 Euro. Der spätere Sturz von *VW* war nicht durch Dividenden und Gewinne absehbar.

Ziemlich schnell ging es dann wieder aufwärts. Freies Schnäppchenkapital hätte bei einigen Werten einen schnellen Gewinn von 10 % und mehr bewirkt.

Selbst beim Kauf von Schnäppchen sollten Sie immer Sorgfalt walten lassen

Vernachlässigen Sie aber nicht Ihre Sicherheit. Wenden Sie die gleichen Kriterien an, wie bei der Auswahl Ihrer Wertpapierkandidaten. Oft ist eine Neubewertung oder zumindest eine Reduzierung der erwarteten Dividende vorzunehmen.

Im Falle der chinesischen Währung galt es zu prüfen, ob ein Unternehmen einen Großteil der Gewinne in China macht, oder eventuell dort nur einkauft. Je nach Betrachtung kann der Gewinn damit sinken oder steigen.

Im Grunde genommen wählen Sie für einen Schnäppchenkauf einen Kandidaten aus Ihrer Wertpapier-Kandidatenliste. Sie können aber auch andere etablierte Wertpapiere wählen, welche vorher nicht auf Ihrer Liste waren. Wenn Sie Kandidaten nehmen, welche nicht auf Ihrer Liste stehen, dann halten Sie Ihre minimalen Standards ein, wie z. B. „nur Werte aus den Hauptindizes".

Achtung vor Kandidaten mit stärkerem Kursrückgang als bei anderen

Bei Kurskorrekturen finden sich schnell mal Schnäppchen. Doch sollten Sie immer die Stärke der Kurskorrektur im Allgemeinen beachten. Es kann Aktien geben, die viel stärker korrigiert werden, als andere.

Im September 2015 gab es eine Kurskorrektur. Viele Aktien haben Kurseinbrüche erlebt. Doch ganz wenige rutschten auf die berechneten Einstiegskurse.

Die *VW*-Aktie erlitt einen ungewöhnlichen Kurssturz und rutschte unter den Einstiegskurs. Das ist schon sehr lange nicht passiert. *VW* hat eine sehr niedrige Rendite und ist damit eher ein 10%-Risikokapital-Kandidat. Doch der Kursrückgang war interessant.

Später stellte sich heraus, dass die USA *VW* auf 18 Milliarden Dollar verklagen würde. *VW* hatte die Abgaswerte der Autos manipuliert. 18 Milliarden war ein Schock, fast 2 Jahresgewinne. Der Kurs stürzte ab. Wie erwartet hat sich die *VW*-Aktie bis 2017 wieder erholt.

Nach der Enthüllung war klar, warum *VW* ungewöhnlich viel bei der Kurskorrektur verloren hatte. Offensichtlich wussten einige von der drohenden Strafe und veräußerten Ihre Aktien gleich zu Beginn der Kurskorrektur.

Seien Sie immer skeptisch bei übertriebenen Kurskorrekturen. Wenn Sie sich nicht sicher sind, dann sollten Sie lieber auf ein Investment verzichten.

Crash, was nun?

Es kommt immer wieder mal vor, dass die Kurse einbrechen. Diese Kurskorrekturen gehören zur Börse. Ein Börsencrash kommt aber nicht einfach so ohne Vorwarnung. Ein Crash kündigt sich langsam an. Hinweise auf eine bevorstehende größere Kurskorrektur häufen sich kurz vorher.

Die Einstiegskurse werden zwar erreicht, aber die Renditen stimmen nicht

Ein Hinweis ist die fehlende Möglichkeit, in gute Kandidaten einzusteigen. Diese Möglichkeiten werden immer seltener. Denn die hohen Preise zerstören die Renditen. Es werden keine Einstiegskurse erreicht und Ihre Ausstiegskurse sind alle schon längst weit überschritten.

Wenn ein Einstiegskurs erreicht wird, aber die niedrige Rendite nicht stimmt, ist dies ein Zeichen für überteuerte Werte. Die Aktienkurse steigen, aber die Firmengewinne nicht in der gleichen Geschwindigkeit. Über die Jahre hinweg entstehen somit immer niedrigere Renditewerte. Da Sie mit den historischen Zahlen arbeiten und die durchschnittlichen Renditen berechnen, werfen Ihre Wertpapierkandidaten immer weniger Dividendenrenditen ab.

Bald sind fast nur noch 10%-Risikokapital-Investments möglich

Selbst Ihre Favoriten mutieren zu Risikokandidaten. Sie werden immer mehr Kapital auf Ihrem Konto vorhalten und können nicht investieren.

Nach einiger Zeit bekommen Sie kaum noch Einstiegsmöglichkeiten. Dann sind selbst diese 10%-Risikokandidaten nach der Dividenden-Hebel-Strategie als überbewertet anzusehen.

Die Auswirkungen des Leitzinses

Ein guter Indiz für einen bevorstehenden Crash war früher auch die durchschnittliche Dividendenrendite des *Dow Jones Industrial Average*. Sobald die durchschnittliche Dividendenrendite unter dem Leitzins sinkt, wird es sehr gefährlich.

Viele Sparer, die in den Aktienmarkt geflüchtet sind, könnten zu viel Geld aus dem Aktienmarkt ziehen. Wenn der Leitzins niedrig ist, dann erhalten die Sparer immer weniger für ihre Einlagen. Sie suchen nach Möglichkeiten, das Geld möglichst sicher anzulegen. Ein Ziel ist dabei die Kapitalerhaltung. Die Verzinsung sollte also auch über der Inflationsrate liegen.

Durch den niedrigen Leitzins werden aber auch die Staatsschuldverschreibungen und ähnliche sichere Anlagen sehr uninteressant. Die Zinsen auf diese Wertpapiere sind zu niedrig. Viele Sparer suchen dann nach besseren Möglichkeiten, ihr Geld anzulegen. Der Sparer transferiert damit immer mehr Geld in den Aktienmarkt.

Zuerst werden die etablierten Unternehmen mit hohen Dividenden gekauft. Wenn dann die Dividendenrenditen zu stark sinken, da die Kurse gestiegen sind, werden andere Aktien gekauft. Nach und nach gibt es immer weniger gute Aktien und das Geld fließt nun auch in weniger gute Aktien. Damit werden auch Aktien interessant, dessen Dividendenrenditen bereits auf 1–2 % gesunken ist, da nun deren Kurse immer weiter steigen. Viele Aktien notieren zu Spekulationskursen. Es entsteht eine Blase.

Hohe Zinsen ziehen Gelder aus der Börse ab

Achten Sie also immer auch auf die Zinsen für sichere Anlagen. Es gibt einige Webseiten, die solche Daten bereithalten. Sie können die durchschnittlichen Dividendenrenditen der wichtigsten Aktienmärkte mit der Verzinsung von den entsprechenden Staatsanleihen vergleichen.

Es sollte sich ein ausreichender Puffer dazwischen befinden. Denn eine Annäherung bewegt großes Geld aus dem Aktienmarkt heraus. Das Sicherheitsbedürfnis ist stark. Unterschätzen Sie nicht die Geschwindigkeit, mit der Geld abgezogen werden kann.

In der Regel haben die großen Investoren schon vor einem Zusammentreffen der beiden Renditen den Markt gewechselt. An der Börse sind dann nur die Kurse hoch, aber die Käufer fehlen und es entsteht akute Crash-Gefahr.

Eine gute Seite für die Renditenprüfung ist:
http://indexarb.com/dividendAnalysis.html

Niedrige Zinsen bringen mehr Gelder und Anleger an die Börsen

Sind die allgemeinen Zinsen niedrig, sind auch die Kredite billig. Es gibt nun einige, die sich mit sehr billigen Krediten an die Börse begeben. Deren Rechnung ist einfach. Der Kredit kostet 1–3 %, die Spekulationsgewinne bringen derzeit 10–20 %.

Ihnen entgehen keine Gewinne

Denken Sie bloß nicht, dass Ihnen die dicken Gewinne entgehen. Während alle um Sie herum gute Gewinne mit ihren Spekulationen machen, bringen Ihre Renditen nur moderate Gewinne. Eventuell auch etwas weniger.

Doch Ihre Stunde wird kommen. Je länger Sie warten müssen, desto höher fallen die anschließenden Gewinne aus. Diese kommenden Gewinne machen Ihren Verzicht um ein Vielfaches wieder gut, und das alles mit sehr viel weniger Risiko.

Sobald die große Korrektur einsetzt, fallen selbst sehr etablierte Unternehmen tiefer, als die Unternehmen eigentlich wert sind. Dann werden sogar Kandidaten, die fast immer eine sehr niedrige Rendite abwerfen, zu lukrativen Investments.

Wieso passieren Kurskorrekturen?

Wenn die Zinsen wieder steigen, dann transferieren die Sparer wieder Gelder zurück zum etwas sichereren Anlagenmarkt. Damit verlieren zuerst die sehr spekulativen Aktien an Wert. Diese Verkäufe lösen weitere Verkäufe aus.

Wie kommt es zu einem Crash? In der Regel fallen die Kurse sehr schnell und lösen eine Kettenreaktion aus. Doch warum fallen die Kurse so plötzlich? Damit Kurse fallen können, müssen diese zuerst einmal hoch sein – in der Regel viel zu hoch.

Wenn die Börse eine Zeit lang nur gestiegen ist, kommen immer mehr Spekulanten an die Börse. Die Gewinne der letzten Jahre ermutigen viele zu höheren Gewinnerwartungen und waghalsigen Spekulationen.

Die Gefahr von ETFs

Ein Exchange Traded Fund (ETF) ist ein börsengehandelter Investmentfond. Diese Fonds bilden in der Regel Teile oder einen ganzen Markt ab. In der Regel sind diese passiv verwaltet und folgen einfach dem Markt. Damit kann man in einem boomenden Markt gute Renditen erzielen.

Das Risiko wird stark gestreut und die Gewinne sind höher als bei vielen aktiv verwalteten Fonds, da die Gebühren oft sehr viel niedriger liegen. Das kann schon einige Prozentpunkte bringen.

Wenn ein ETF aber einen Geldabfluss erlebt, weil Investoren Gelder herausnehmen, dann verkaufen die ETFs auch massiv und anteilsmäßig Aktien. Damit werden Verlierer und Gewinner gleichermaßen verkauft und es kann zu einem allgemeinen Kursrückgang führen.

Das sogenannte Smart-Money und sehr große Investoren können nicht Ihr Geld am Zenit des Boom-Marktes verkaufen. Es würden zu wenige Käufer gefunden werden. Diese Investoren verkaufen viel früher. Wenn man mehrere Milliarden aus dem Markt ziehen will, muss man die Aktien langsam verkaufen, sonst kann es zu Kursstürzen kommen.

Wenn nun viel Geld aus den ETFs abgezogen wird, dann sinkt der komplette Markt. Einfach weil alle Aktien verkauft werden. Hier bieten sich oft sehr gute Einstiegsmöglichkeiten. Man sollte aber unbedingt die komplette Marktsituation berücksichtigen. Nicht, dass Sie in einen Crash hinein kaufen.

Im Februar 2018 gab es zwei schöne Kursrutsche. Es wurde ziemlich viel Geld abgezogen und vermutlich auch in Kryptowährungen verschoben. Auf jeden Fall konnte man direkt nach der Bodenbildung gute Einstiegskandidaten finden. Die allgemeine Lage ist entsprechend angespannt, aber für einen sehr kurzfristigen Einstieg mit einem Ziel von 10 % Kursgewinn war es ideal.

Spekulanten handeln den Kurs und nicht den Wert eines Unternehmens

Die Spekulanten achten mehr auf den Aktienkurs und deren Verlauf, als auf die zugrunde liegenden Werte. So ist es charttechnisch in Ordnung, Kurse jenseits von 0,05 % Rendite zu ermitteln. Das macht aber für einen Anleger keinen Sinn. So viel Risiko, für so wenig Rendite.

So treiben ungerechtfertigte Käufe die Kurse immer weiter an. Spekulanten kaufen Aktien auch leicht über den realistischen Wert. Sie hoffen auf höhere Gewinne der Unternehmen, als allgemein erreicht werden. Die Kurse von einigen Aktien steigen damit deutlich und die Rendite sinkt dramatisch.

Hier wird blind nur auf die nächste Kurs-Steigerung gesprungen. Ob es eine Grundlage für diesen Kurs gibt, wird nicht hinterfragt. *Der Kurs ist ja schließlich schon um 50 % gestiegen, dann schafft er auch noch die nächsten 3 % und danach wollen alle aussteigen, oder doch nicht. Vielleicht nur noch die nächsten 1–2 %. Aber dann aussteigen, oder vielleicht doch noch nicht. Und immer so weiter.* Sie verstehen worauf ich hinaus will.

Stetig steigende Kurse locken mehr Anleger an die Börse

Je mehr die Kurse steigen, desto mehr Menschen interessieren sich für Aktien. Gewinne durch den Kauf und Verkauf von Aktien wirken attraktiv. Immer mehr Menschen steigen ein, und damit auch immer mehr Menschen ohne einen richtigen Plan.

Die Kurse werden weiter getrieben. Denn jeder neue Einsteiger kauft von einem anderen und zu einem etwas höheren Kurs. Nach einem Kursgewinn wird dann wieder verkauft. Die zuvor verkauft haben, glauben, zu früh ausgestiegen zu sein und steigen erneut ein. Diesmal etwas teurer als vorher.

Wenn Ihre börsenunbedarften Bekannten über Aktien sprechen, sollten Sie aussteigen

In der Regel sind Ihre Bekannten gute Vorboten. Wenn diese Bekannten nichts mit Anlagen und dergleichen zu tun hatten und plötzlich über Aktien sprechen, sollten Sie hellhörig werden. Es wird Zeit, noch mehr Vorsicht walten zu lassen.

Unbedarfte Anleger folgen keinem vernünftigen Konzept, noch können diese Anleger einen Kurs bewerten. So kaufen diese Anleger meist erst dann, wenn die dicken Gewinne mit den Aktien schon gemacht wurden. Diese Anleger steigen oft als letzte ein und wundern sich, dass es keine weiteren Käufer mehr gibt. Deswegen sind Aktientipps aus dieser Gruppe von Anlegern oft ein sehr guter Indikator für einen nahenden Crash.

Doch jede Blase platzt einmal

Irgendwann haben alle gekauft und es gibt kaum noch neue Käufer. Wenn dann ein Anleger seine Aktien verkaufen will, bekommt er keinen höheren Kurs mehr.

Die Verkäufer reduzieren nun den Verkaufspreis. Sie merken schnell, dass es keine Käufer gibt. Eventuell werden Aktien dann unter Verzicht auf Gewinne verkauft und einige Kurse notieren nun deutlich niedriger als zuvor.

Rückgänge im Kurs lösen Gewinnmitnahmen aus

Diese schnellen Kursrückgänge veranlassen weitere Anleger, ihre Gewinne mitzunehmen. Diese denken sich vermutlich: *Besser jetzt aussteigen, als zu spät.* Die Kurse sinken weiter.

Die sinkenden Kurse haben eine Signalwirkung. Nun merkt auch die Mehrheit der privaten Anleger, dass sie anfangen, Geld zu verlieren, beziehungsweise Gewinne wieder abgeben.

Oft geschieht dies aber erst am Abend, nach der Arbeit. Schlimmer sogar, manchmal erst am Wochenende, denn da findet der kleine private Anleger Zeit, auf seine Kurse zu schauen.

Das Rennen beginnt

Von Angst getrieben platzieren dann immer mehr private Anleger ihrerseits weitere Verkaufsordern. Diese werden erst am Montag ausgeführt und beschleunigen den Fall der Kurse.

Am Dienstag platzieren dann auch die Personen, welche bis dahin gezögert hatten. Ein Rennen gegen die Zeit und fallenden Kurse beginnt.

Kurze Erholungen kommen meist durch große Anleger

Meist gibt es eine kurze Erholung. Diese können durch große Investoren entstehen, wenn plötzlich sehr gute Kurse für etablierte Aktien verfügbar werden, denn die Verkäufer verkaufen teilweise ohne Sinn und Verstand. Sie handeln oft so, als ob die Unternehmen sich gleich auflösen würden. Damit können die Kurse auch mal unter den eigentlichen inneren Wert des Unternehmens rutschen.

Aktien mit Dividenden als Indikatoren

Um einen bevorstehenden Crash zu erkennen, müssen Sie bei Aktien bleiben, welche ununterbrochen Dividenden ausgezahlt haben. Nur so können Sie die Kurskorridore errechnen und vergleichen.

Sie bleiben also bei Ihren Kandidaten, welche Sie vorher durch Ihren strengen Filter ermittelt haben. Im Grunde genommen halten Sie sich an die Strategie.

Ihre Ausstiegskurse sichern Sie ab

Die Ausstiegskurse der Dividenden-Hebel-Strategie sollten vor einem Crash schon erreicht worden sein. Denn die Dividenden-Hebel-Strategie beruht auf einem Rendite-Korridor, welcher realistisch und historisch unterstützt ist. Wenn eine Aktie über dem Ausstiegskurs notiert, dann haben Sie in der Regel schon längst verkauft.

Bleiben Sie ruhig

Verfallen Sie nicht in Panik. Denn in der Regel sollten Sie fast gar nicht mehr investiert sein. Berechnen Sie Ihre Kurse nochmal und stellen Sie sicher, dass Sie keine Aktien haben, die nicht entsprechend Ihren Berechnungen gerechtfertigt sind.

Vor dem Einsteigen, beobachten Sie den Markt

Sie könnten nun wieder einsteigen. Doch warten Sie besser noch die Bodenbildung ab. Die fallenden Kurse werden bestimmt den einen oder anderen Kandidaten als Einstiegsoption aktivieren. Das ist gut. Beobachten Sie diese Aktien und kaufen Sie erst dann, wenn für Sie die Dividende stimmt.

Gehen Sie dabei von Ihrer gewünschten Rendite aus, nicht vom tatsächlichen Aktienkurs. Behelfen Sie sich, indem Sie sich sagen, dass dieser Kauf eine Investition für Ihre zukünftigen Renditen darstellt. Sie wollen ja die Dividende und nicht den Spekulationsgewinn.

Wenn eine Aktie auf 1 Euro sinkt und die fundamentalen Werte des Unternehmens gleich geblieben sind, wird dennoch die Dividende ausgezahlt wie zuvor angekündigt. Der Aktienkurs bestimmt nicht das Geschäft des Unternehmens. Die Aktienkurse werden nicht durch das Unternehmen gesteuert, sondern durch deren Besitzer.

Warten auf die Bodenbildung

Sie sollten eine Bodenbildung des Marktes abwarten. Mit dem Markt sind die Aktien der großen und wichtigen Indizes gemeint. Dann können Sie in diverse Kandidaten investieren. In der Regel rutschen die Kurse heftig und schnell, um dann einige Zeit später immer flacher zu werden.

Wenn die Kurse abflachen und allgemein die Aktienkurse wieder stabiler wirken, beginnt die Bodenbildung. Es sollten auch einige Einstiegskurse Ihrer Kandidaten erreicht worden sein. Diese Einstiegskandidaten gilt es nun zu prüfen.

Einkaufstour starten

Wenn die Erwartungen an Ihre Einstiegskandidaten immer noch stimmen und Sie mit der Dividendenrendite zufrieden sind, können Sie mit dem Einkaufen beginnen. Für die Mindestrendite können Sie einen Blick auf die aktuellen Zinsen am Markt werfen.

Steigen die Marktzinsen wieder? Ist eine Erhöhung geplant? Dann müssen Sie diese Steigerung auf Ihre Dividendenerwartung addieren und eventuell Ihre Kurse neu berechnen.

Lassen Sie lieber einen Kandidaten aus, als auf den Falschen zu setzen. Denn in der Regel werden genügend erstklassige Aktien für eine lukrative Investition verfügbar sein.

Crash-Indikator

Es ist sehr schwierig, einen echten Crash-Indikator auszumachen, doch eines hat sich bisher immer gezeigt. Wenn ein Crash passiert, dann war der Durchschnitt der Dividendenrenditen der *Dow-Jones*-Aktien ganz nahe am Leitzins.

Wenn der Durchschnitt der erzielbaren Dividendenrenditen nah oder unter dem Leitzins liegt, dann hat es für Investoren keinen Sinn, im risikoreichem Aktienmarkt zu investieren. Sicherere Anlagen als Aktien bieten die gleiche oder sogar bessere Rendite. Diese Investoren ziehen Ihr Geld eher ab und investieren nicht weiter. Damit fehlen dem Markt ausreichend neue Käufer und der Crash passiert.

Als interessanter Indikator könnte also nach wie vor die durchschnittliche Dividendenrendite der Werte des *Dow-Jones* dienen. Bewegt sich dieser zu nahe an den Leitzins, sollten Sie sehr vorsichtig sein.

Gerade nach einer langen Niedrigzins-Phase kann es gefährlich werden. Denn das billige Geld und die fehlenden Renditen außerhalb der Börse haben die Kurse ansteigen lassen und damit auch die Dividendenrenditen gesenkt. Wenn nun die Zentralbanken die Leitzinsen anheben, ist die Spanne zwischen dem Leitzins und der durchschnittlichen Dividendenrendite des *Dow-Jones* gefährlich klein.

Kapitel 8

Schritt 6 – Richten Sie Ihren Sparplan ein

Sparplan als Investition

> „Sparen Sie nicht das, was nach dem Ausgeben übrig bleibt, sondern geben Sie das aus, was nach dem Sparen übrig bleibt." – *Warren Buffet*

Verbinden Sie die Investitionen in Ihrer Zukunft mit einem Sparplan. Überweisen Sie regelmäßig einen Betrag auf Ihr Investmentkonto.

Sparen Sie automatisch einen Teil von Ihrem Gehalt

Sie können jeden Monat 10–20 % Ihres Gehalts auf Ihr Brokerkonto überweisen, ohne schlechter zu leben. Jeder kann 10 % weniger zum Ausgeben gut verkraften. Am besten richten Sie sich einen Dauerauftrag ein. Noch bevor Sie Ihr Geld ausgeben können, sollten Sie einen Teil auf Ihr Investmentkonto überweisen.

Viele Menschen glauben, dass Sie kaum sparen können. Doch das stimmt nicht. Früher haben Sie auch weniger zum Leben gehabt. Sie werden sich schnell daran gewöhnen und beschleunigen gerade zu Beginn den Aufbau Ihres Investment-Kapitals. Denken Sie daran, dass Sie für sich sparen. Sie investieren Ihr Erspartes und es wird sich vermehren.

Halten Sie immer liquide Mittel bereit

Ihr Investmentkonto, beziehungsweise das Konto bei Ihrem Broker, wird regelmäßig durch die eingenommenen Dividenden und den Erlösen aus den Verkäufen Ihrer Aktien aufgefüllt.

Je nachdem in welchen Aktien Sie investiert sind, erhalten Sie die Dividenden nur einmal oder öfters im Jahr ausgezahlt. Sie verkaufen in der Regel Ihre Aktien nur wenn der Ausstiegskurs erreicht wurde. Doch solange Sie Ihre Aktien nicht verkaufen, haben Sie nur wenige oder keine Mittel, um weitere Investitionen zu tätigen.

Einstiegskurse können aber jederzeit erreicht werden. So bietet ein Sparplan eine ideale Möglichkeit, Geld für Gelegenheiten verfügbar zu halten. Sie verpassen viel seltener eine lukrative Einstiegs-Möglichkeit. Unterschätzen Sie diese extra Renditen nicht.

Gerade wenn Sie noch Arbeiten müssen, um Ihren Lebensunterhalt zu bestreiten, wirkt ein Sparplan deshalb stärker. Sie bauen damit jederzeit verfügbares Bargeld auf, welches Sie für gute Gelegenheiten nutzen können. Denn wenn Sie komplett investiert sind und ein weiterer Einstiegskurs erreicht wurde, würden Sie sonst diese Gelegenheit verpassen. Ihr Sparplan erhöht also die Gewinne und hilft Ihnen, die finanzielle Freiheit noch schneller zu erreichen.

Belassen Sie das Geld auf Ihrem Investment-Konto

Wenn Sie für Ihre Zukunft vorsorgen, sollten Sie vorerst kein Geld aus Ihrem Investmentkonto abziehen. Dennoch bleibt Ihr langfristiges Ziel, von Ihren Gewinnen zu Leben. Sie sollten erst Geld abheben, wenn Sie von den Renditen leben können.

Sobald Sie genug Rendite erzielen, um davon leben zu können und sich die ganze Gewinne auszahlen, haben Sie keinen Sparplan mehr. Denn vermutlich werden Sie dann Ihren Job an den Nagel hängen und nur noch die Projekte und Dinge angehen, die Ihnen Spaß machen. Sie sollten aber nicht Ihre kompletten Gewinne für Ihren Unterhalt verwenden, sondern auch weiterhin für ein Anwachsen sorgen.

Deshalb sollten Sie erst von Ihrem Kapital leben, wenn die Rendite Ihr „Gehalt" und weiterhin Sparplan-Einzahlungen von mindestens 1–2 Prozentpunkten über der Inflationsrate einbringen. Schließlich reduziert die Inflation den Wert Ihrer Einnahmen und Sie müssen sich mit der Zeit wieder einschränken.

Entnehmen Sie nur einen Teil und lassen Sie den Rest weiter arbeiten

Wenn Sie also weiterhin Einlagen auf Ihr Investmentkonto erbringen können, steigen Ihre Dividenden immer weiter und Sie können bald sogar höhere Summen entnehmen, ohne das Wachstum Ihres Investmentkapitals zu gefährden.

Wenn Sie von den Gewinnen einen Teil für Ihre Investitionen nutzen können und dennoch genug entnehmen, um sorgenfrei und glücklich zu leben, dann haben Sie es geschafft. Sie müssen sich nicht einschränken und Ihr Geld vermehrt sich.

Unternehmen machen es genauso. Sie behalten einen Teil der Gewinne für das weitere Wachstum. Nur ein Teil wird als Dividende ausgezahlt. Sie würden ja auch nicht die Triebwerke eines Flugzeugs abschalten, nur weil Sie in der Luft sind, oder?

Unvorhergesehene Ereignisse bieten oft gute Chancen

Der Währungskrieg mit China im Jahr 2015 hat die Börse ziemlich durchgeschüttelt. Der *DAX* fiel von über 11.500 Punkten auf etwas über 9.500 Punkte. Nach dem sehr schnellen Fall raste der *DAX* wieder nach oben und durchschritt die 10.000-Marke wieder. Das alles geschah innerhalb nur eines Monats.

Solche Ereignisse, welche die Börsen dramatisch bewegen, bieten oft enorme Einstiegschancen. Deswegen benötigen Sie immer wieder frisches Kapital.

Interessant bei dem Ereignis von 2015 war, dass selbst mit der Kurskorrektur nicht sehr viele Einstiegskurse erreicht wurden. Lediglich *Adidas* und *VW* waren eindeutige Einstiegskandidaten. Das demonstriert, wie wichtig die richtige Auswahl der Aktien ist. Diese Werte sind stabiler als die anderen Aktien im Markt.

Gerade als *VW* bei 155,00 Euro war, konnte ich leider nicht einsteigen. Mein Kapital war in *Adidas* investiert. Meine nächste monatliche Zahlung kam erst ein paar Tage später. Doch auch jetzt war *VW* immer noch sehr interessant.

Mein berechneter Einstiegskurs lag bei 166.00 Euro. Hätte ich den Einstieg bei 155,00 Euro machen können, dann wäre ich schon mit 8 % im Plus. Das alles geschah in nur wenigen Tagen. Eine Gelegenheit die immer wieder kommt, aber Sie müssen flüssig sein.

VW selbst ist ein 10%-Risikokandidat, da die entsprechende Rendite sehr niedrig ist. Somit sollten Sie auch nur eine geringe Summe investieren.

Kurz nach dem Kauf kam eine extreme und nachhaltige schlechte Nachricht. *VW* hatte bei den Abgaswerten getrickst. Dieses Ereignis ist kaum vorhersehbar. Gegen kriminelles Verhalten kann man sich fast nie schützen.

Doch hier zeigt sich klar, dass man durch die Einhaltung der Regel auch mit einem geringeren Risiko spielt. Lesen Sie zu *VW* auch das Kapital über die Schnäppchenjagd.

Ereignisse ereignen sich auch in stabilen Märkten

Manchmal werden nicht alle Ausstiegskurse erreicht. Zwar sind Sie so optimal investiert, doch diese kleinen Gelegenheiten bessern Ihre Renditen auf, ohne mehr Risiko.

Wenn keine Kandidaten für ein Investment verfügbar sind, sparen Sie weiter

Sie müssen nicht immer Ihr komplettes Kapital investieren. Es kann durchaus passieren, dass einige Zeit keine Möglichkeiten für ein Investment entstehen. Dann können Sie Ihr Geld vorübergehend auf einem Tagesgeldkonto oder ähnlichem liquiden Anlage-Instrument parken. Geben Sie Ihr Geld aber auf keinen Fall aus. Kaufen Sie auch nicht wahllos irgendwelche Aktien, nur weil es Sie in den Fingern juckt.

Wenn es keine Kandidaten für ein Investment gibt, kann es passieren, dass Sie ungeduldig werden. In solchen Situationen könnte es sein, das Sie sich Einstiegskurse passend rechnen. Mein Rat für diese Zeit: **Halten Sie sich an die Strategie.**

Verlorene Renditen holen Sie mit geeigneten Kandidaten wieder ein

Trauern Sie auch nicht entgangenen Renditen nach. Gerade wenn die Kurse zu hoch sind, könnte es sein, dass Sie zu viel bezahlen. Wenn dann eine Kurskorrektur einsetzt, bleiben Sie auf einer Anlage mit niedriger Rendite sitzen.

Sie können leicht 10–20 % Rendite nach einer Korrektur erzielen. Diese Renditen erzielen Sie dann innerhalb weniger Monate. Halten Sie darum Ihr Geld bereit.

Springen Sie nicht auf den fahrenden Zug

Ich hatte mal eine ungeduldige Phase. Mein komplettes Kapital war investiert. Trotz Sparplan war ich mitten im Monat nicht flüssig, um einen sehr attraktiven Kandidaten zu erwerben. So etwas kommt vor.

Da ich nun den Zeitpunkt für den Einstieg verpasst hatte, rechnete ich mir die Einstiegskurse erneut zurecht. Sobald mein Sparplan wieder etwas Geld überwies, sprang ich auf den fahrenden Zug.

Schon recht bald nach meinem Einstieg ergab sich dann eine echte Einstiegsgelegenheit und ich hatte wieder kein Geld parat. Besonders ärgerlich war, dass nach meinem Kauf der Kurs wieder etwas nachgab und zurück zum echten Einstiegskurs pendelte.

Vermeiden Sie solche Erlebnisse. Sie ärgern sich nur über Ihre eigenen Taten. Dieses Vorgehen kann teuer für Sie werden. Halten Sie sich an die Strategie. Investieren soll Ihnen doch Spaß machen und ohne Stress ablaufen.

Leben von den Dividenden

Wenn Sie überhaupt kein regelmäßiges Einkommen haben und eventuell von einem Teil der Dividenden leben. Dann sollten sie unbedingt auch Aktien im Depot haben, welche mehrmals im Jahr eine Dividende auszahlen.

Amerikanische Aktien zahlen in der Regel alle 3–4 Monate einen Teil der jährlichen Dividende aus. Sie werden immer wieder liquide Mittel benötigen, um auf lukrative Ereignisse reagieren zu können. Und dieses Vorgehen bietet Ihnen eine gute Möglichkeit.

Automatische Diversifizierung

Ich bin kein großer Freund von Diversifikation. Wenn ein gutes Investment verfügbar ist, investiere ich auch soviel wie möglich darein. Warum sollte ich auf die zweite oder dritte Wahl Geld wetten, wenn ich die beste Option schon ermittelt habe?

Dennoch werden Sie mit der Dividenden-Hebel-Strategie manchmal diversifiziert sein. Ihr verfügbares Investment-Kapital wird durch Dividenden und Verkaufserlöse ständig neu aufgefüllt. Zusätzlich haben Sie vielleicht auch einen Sparplan, welcher monatlich neues Geld bereit stellt. Dies gewährleistet eine liquide Basis für gute Investmentgelegenheiten.

Eine zu große Diversifikation ist jedoch auch nicht gut. Wenn Sie zu viele Aktien besitzen, verlieren Sie den Überblick und erhöhen auch Ihr Risiko. Mit jeder Aktie, die etwas mehr Risiko birgt, als Ihre Aktien im Portfolio, erhöhen Sie Ihr durchschnittliches Risiko.

Der Zwang zum Diversifizieren birgt Gefahren

Wenn Sie unbedingt diversifizieren möchten, dann achten Sie bitte darauf, dass Sie deswegen nicht die Strategie opfern.

Es kann nämlich sein, dass nicht genug Einstiegskurse erreicht wurden, um ein breit gestreutes Aktien-Portfolio aufzubauen. In diesen Fällen kann es schlecht sein, Kandidaten zu kaufen, nur um weitere Aktien zu besitzen. Denn diese Aktien können noch auf den Einstiegskurs sinken und damit haben Sie einen Verlust im Aktienkurs. Eventuell verhindert dieser Kursverlust, dass Sie die Aktie mit Gewinn verkaufen können.

Folgen Sie also auch beim Diversifizieren der Strategie und kaufen Sie nur echte Einstiegskandidaten.

Bleiben Sie flüssig, um das Risiko zu minimieren

Durch ständig neu verfügbares Geld, können Sie das Klumpen-Risiko reduzieren. Sie werden in der Regel nicht immer in das gleiche Wertpapier investieren können. So bilden Sie mit der Zeit, automatisch ein diversifiziertes Portfolio.

Mit regelmäßigen Einzahlungen auf Ihr Investmentkonto verpassen Sie weniger gute Chancen und diversifizieren ganz nebenbei das eigene Portfolio.

Kapitel 9

Schritt 7 – Berechnungen aktualisieren, bei neuen Dividenden

Der ruhige Schlaf ohne Börsennachrichten

„Der schlimmste Fehler, den man meiner Meinung nach an der Börse machen kann, ist, auf der Grundlage der aktuellen Wirtschaftsnachrichten zu kaufen oder zu verkaufen." – *Warren Buffet*

Wenn Sie das Produkt verstehen, dann können Sie viele Nachrichten, die Sie nebenbei mitbekommen, auch mit den Produkten Ihrer Kandidaten in Verbindung bringen. Selbst dann, wenn die Meldungen, die sie mitbekommen, nicht direkt mit Ihren Kandidaten zu tun haben. Es fällt Ihnen leicht, die Bedeutung von Meldungen und Produktneuheiten für die zukünftigen Gewinne und damit für Ihre Dividenden einzuschätzen. Natürlich nur, wenn Sie das Produkt verstehen.

Einige Auswirkungen auf die Gewinne spürt man intuitiv:

- Uber auf die Taxi-Gesellschaften

- Digitale Kameras auf die analoge Fotografie

- Niedrige Zinsen auf die Banken und Kreditinstitute

Nachrichten von der Börse halten Sie nur auf Trab

Das Beobachten der aktuellen Börsennachrichten versetzt Sie nur in Angst und Schrecken. Bei jeder Meldung werden Sie denken: „Habe ich die richtige Entscheidung getroffen?"

Sie werden anfangen, den Kurs zu bewerten. Ehe Sie sich versehen, prüfen Sie den Kurs täglich. Sie beobachten den Kurs und nicht mehr die anvisierte Rendite. Sie fangen vielleicht sogar an, einen theoretischen Verlust anhand der aktuellen Kurse zu berechnen. Schnell setzen Sie diesen Verlust mit einem echten Verlust gleich und fühlen sich schwindelig. Das hat nichts mit entspanntem Investieren zu tun.

Vor einem Verkauf schaue ich gerne nochmal auf den Kursverlauf meiner Aktie seit dem Kauf. Ab und zu kann ich überrascht feststellen, dass der Kurs kurzfristig stark gefallen war. Dann bin ich immer froh, dass ich eben *nicht* aktiv den Kursverlauf verfolgt habe. Ich bin mir nicht sicher, ob ich die Nerven behalten hätte. So konnte ich dann einen schönen Gewinn realisieren, denn meine ursprünglichen Gründe für den Kauf stimmten nach wie vor.

Wirklich wichtige Nachrichten werden Sie erreichen

Sie müssen nicht alle Meldungen an der Börse aktiv verfolgen, denn wirklich wichtige Nachrichten erreichen Sie auch über die normalen Medien, über Ihre Freunde und Bekannte.

Da Sie mit der Dividenden-Hebel-Strategie, nur sehr große und etablierte Unternehmen beobachten, wird auch das allgemeine Interesse an den Unternehmen entsprechend groß genug sein. Wirklich wichtige Nachrichten erreichen Sie auf verschiedenen Kanälen.

Als *RWE* die Dividende halbiert hat, war dies sogar Thema in den nationalen Nachrichtensendern. Als *VW* wegen der Manipulation der Abgaswerte 2015 an den Pranger gestellt wurde, war das überall Thema. Also keine Panik, so schnell verpassen Sie nichts wirklich Wichtiges.

Börsennachrichten, die nicht so große Wellen schlagen, verursachen oft nur kurzfristige Kursschwankungen und pendeln sich schnell wieder ein. Wenn Sie aufgrund dieser Nachrichten nervös werden, dann schaden Sie sich nur unnötig selbst.

Solche Kursschwankungen erholen sich meist nach kurzer Zeit wieder. Bekommen Sie die Nachrichten nicht mit, sind Sie auch nicht davon betroffen. Denn etwas später ist der Kurs wieder so, als sei nie etwas passiert. Lassen Sie sich nicht in Panik versetzen.

Da Sie keine Spekulationen eingehen, sondern Investitionen, sind kurzfristige Auswirkungen nicht sonderlich dramatisch. Idealerweise beginnen Sie eine Investition mit einer Haltedauer von ewig. Nur der Ausstiegskurs und eine sinkende Dividende lassen Sie aussteigen.

Aktuelle Meldungen von der Börse verleiten zu falschen Entscheidungen

Kurzfristig schlechte Nachrichten können Druck auf den Aktienkurs ausüben. Wenn Sie jetzt verkaufen, dann realisieren Sie den Verlust tatsächlich. Kaum vom Schock erholt, sehen Sie dann mit an, wie der Kurs wieder auf den alten Wert klettert. Doch zu spät, denn Sie haben die Aktie nicht mehr und die nächste Ohnmacht ist fällig.

Ich habe am Anfang die Nachrichten zur aktuellen Lage an der Börse verfolgt. Fast täglich haben sich die Nachrichten widersprochen: *Der DAX bricht ein! Rekordhoch diese Woche! Chinesischer Yuan zieht den DAX runter! Zahlen besser als erwartet! Zahlen doch schlechter als erwartet!*

Es scheint fast so, als ob die Macher von Nachrichten gar nicht damit rechnen, dass jemand diese liest. Denn die Widersprüche sind so dramatisch und in sehr rascher Abfolge, dass es fast schon lächerlich wirkt.

Folgen Sie Ihrer Strategie

Mit der Dividenden-Hebel-Strategie brauchen Sie nicht die aktuellen Nachrichten der Börse zu verfolgen. Wirklich wichtige Nachrichten über Ihre Aktien werden Sie erreichen. Wenn Sie dennoch ab und zu die Nachrichten überfliegen, handeln Sie nicht überstürzt. Sie haben immer noch genug Zeit zum Handeln. Denn Sie besitzen nur Too-Big-To-Fail-Aktien.

Verfolgen Sie nicht das aktuelle Börsengeschehen, dass verunsichert Sie nur und verleitet zu falschen Handlungen. Die Dividenden-Hebel-Strategie befreit Sie von dieser Last. Ihr Investment bleibt wohlüberlegt und Sie haben ein Kursziel, welches historisch fundiert ist. Leben Sie Ihr Leben und überlassen Sie der Strategie das Einbringen Ihrer Gewinne.

Kapitel 10

Zusammenfassung

7 Schritte in der Zusammenfassung

Sie haben gelernt, wie Sie Kurse für einen Einstieg und einen Ausstieg berechnen. Sie handeln nun mit Aktien, die Dividenden bringen und ein geringeres Risiko haben, als die meisten anderen Aktien am Markt.

Dank einer statistisch fundierten Berechnung bewerten Sie Ihre Aktien einfacher. Von nun an schauen Sie dem Geschehen an der Börse entspannter zu und vermeiden Kurskorrekturen, da Sie Ihre Ausstiegskurse nutzen. Sie fühlen sich nun sicherer bei Ihren Entscheidungen. Sie wissen welche Aktien wann gekauft und wieder verkauft werden sollten.

Ihr gesamtes Aktieninvestment ist nun effektiver und ertragreicher, denn Probleme mit Aktien hat man nur, wenn man ohne System handelt. Sie nutzen eine sehr konservative Strategie. Strenge Auswahlkriterien sollen einen Verlust des Kapitals verhindern, denn die Erhaltung von Kapital ist das Wichtigste. Die Dividenden sind Ihr Sicherheitsnetz. Sie nehmen den Kursgewinn mit, ohne Ihr Risiko zu steigern.

Wenden Sie die Wellenschnitt-Taktik an. Überlegen Sie einen Ausstieg bei 10 %, bei 15 % und beim Erreichen Ihres Ausstiegskurses. Durch den Zinseszins-Effekt sind zweimal jeweils 10 % Kursgewinn gleich 21 %.

7 Schritte zum Investment

1. **Wertpapierkandidaten ermitteln**
   Nur Aktien mit einer langen Dividenden-Historie, die bewiesen haben, dass auch in Finanzkrisen die Dividende gezahlt wird.

2. **Einstiegskurse ermitteln**
   Berechnen Sie Ihre Einstiegskurse auf Basis der durch-schnittlichen maximalen Dividendenrenditen und der zuletzt gezahlten Dividende. Fügen Sie gegebenenfalls einen kleinen Sicherheitspuffer hinzu.

3. **Ausstiegskurse ermitteln**
   Ermitteln Sie Ihre optimalen Ausstiegskurse, ab denen die Dividenden die durchschnittlichen Mindestrenditen errei-chen. Ab hier wird ein Kursrückgang wahrscheinlicher. Nutzen Sie die Wellenschnitt-Taktik.

4. **Berechnete Kurse auf eine automatische Beob-achtungsliste setzen**
   Setzen Sie Ihre berechneten Kurse in eine Watchliste, damit Sie automatisch informiert werden. Warten Sie entspannt auf das Eintreffen Ihrer Kurse.

5. **Handeln, wenn die Kurse erreicht sind**
   Prüfen Sie vor dem Kauf und dem Verkauf nochmal die aktuellen Umstände. Können Sie noch etwas warten und damit Ihre Rendite verbessern?

6. **Richten Sie sich einen Sparplan ein**
   Beschleunigen Sie Ihre Kapitalbildung für die finanzielle Unabhängigkeit. Investieren Sie in sich ergebende Chancen und diversifizieren Sie dabei.

7. **Aktualisieren Sie Ihre Berechnungen, nach den Dividendenzahlungen**
   Nach jeder Dividendenzahlung, die eine Anpassung Ihrer Kurse bedeutet, sollten Sie diese neu berechnen. Bei mehr-facher Dividende im Jahr rechnen Sie die fehlenden Werte hoch.

Ihre To-do-Liste

Warten Sie nicht. Fangen Sie sofort an. Machen Sie einen kleinen Schritt, der Ihnen viel bringt.

„Man muss nicht das Ende der Treppe sehen, nehmen Sie einfach die erste Stufe." *– frei nach Martin Luther King, Jr.*

Original: „Faith is taking the first step even when you don't see the whole staircase." *– Martin Luther King, Jr.*

- Wenn Sie noch keinen Broker-Account haben, dann eröffnen Sie einen. Setzen Sie sich am besten einen Termin und erledigen Sie das in den nächsten 72 Stunden, dann bleiben Sie im Momentum und alles geht einfacher. Unter 10.000 Euro können Sie überall bei einem Online-Broker starten. Sobald Sie mehr als 10.000 Euro haben, empfehle ich Ihnen *Interactive Broker* – derzeit einer der günstigsten. Ich nutze diesen ebenfalls. (Stand 2017)

- Suchen Sie sich Ihre ersten Kandidaten. Starten Sie mit dem Dow-Jones, dem DAX oder dem SMI. Machen Sie sich zuerst eine sehr kleine Liste von Unternehmen, die Ihnen gefallen. Es sollten sehr große Unternehmen sein. Oder nutzen Sie meine Liste: Sehen Sie im Kapitel *Bonus zum Buch* am Ende des Buches nach.

- Ermitteln Sie Ihre ersten Zahlen und tragen diese ein. Im Kapitel *Workshop: Wertpapier-Kandidaten* sehen Sie nochmal genau, wie es geht. Eine Vorlage für Ihre eigene Tabelle finden Sie im *Bonusmaterial* zum Buch.

- Seien Sie stolz auf sich, Sie sind weiter als die meisten Menschen. Wenn Sie die oberen Punkte erledigt haben, dann belohnen Sie sich. Gehen Sie ins Kino, genehmigen Sie sich eine Massage oder gehen Sie schick essen.

Workshop: Wertpapierkandidaten

Ich zeige Ihnen nun anhand von Screenshots und der *Adidas*-Aktie, wie Sie Ihr Wissen nun praktisch anwenden.

Folgende Arbeiten machen wir gemeinsam

- Tabelle erstellen

- Historische Kurse eintragen

- Historische Dividenden erfassen

- Historische Durchschnittsrenditen berechnen

- Einstiegs- und Ausstiegskurse berechnen

Tabelle erstellen

Sie können jede beliebige Tabellenkalkulation nutzen. Ich verwende für die Berechnungen *Google Tabellen*, da es kostenlos und für jeden verfügbar ist.

Oben in der Tabelle erfassen Sie den Namen der Aktien. Sie können für jede Aktie ein Tabellenblatt nehmen und diesen ebenfalls mit dem Namen der Aktie versehen. Den Dividendentermin erhalten Sie direkt von der *Adidas* Investor-Relation-Webseite.

Die Tabelle hat eine Spalte für die Jahre und für die entsprechenden Tiefst- und Höchstkurse. Danach folgen die Dividenden.

Die anderen Spalten werden unsere berechneten Werte enthalten. In die Spalte Bemerkungen kommt Interessantes, dass eine Erklärung für extreme Kursbewegung und Ihre Entscheidung liefert. So wird es nicht vergessen und Sie können später nochmal Ihre Berechnung nachvollziehen.

Aktienkandidaten_dax

Datei Bearbeiten Ansicht Einfügen Format Daten Tools Add-ons Hilfe Alle Änderungen in

	A	B	C	D	E	F	G	H	I
1	Adidas								
2	Dividenden Termin	Mai							
3									
4	Jahr	Höchst Kurs	Tief Kurs	Dividende	Einstieg Kurs	Ausstieg Kurs	max Rendite	min Rendite	Bemerkungen
5	Akt Jahr erwartet								
6									
7									
8									
9									

Historische Kurse eintragen

Adidas ist im DAX. Für Ihre Zahlen bietet sich die Webseite der Börse an: *www.boerse.de*. Dort erhalten Sie die historischen Jahreskurse und die gezahlten Dividenden. Geben Sie oben in der Suchmaske „adidas" ein und klicken Sie auf den entsprechenden Treffer.

Um die historischen Daten zu erhalten, klicken Sie im Menü der Aktien-Detailansicht dann auf **Historie**. Scrollen Sie ganz nach unten. Dort befinden sich die Jahreswerte.

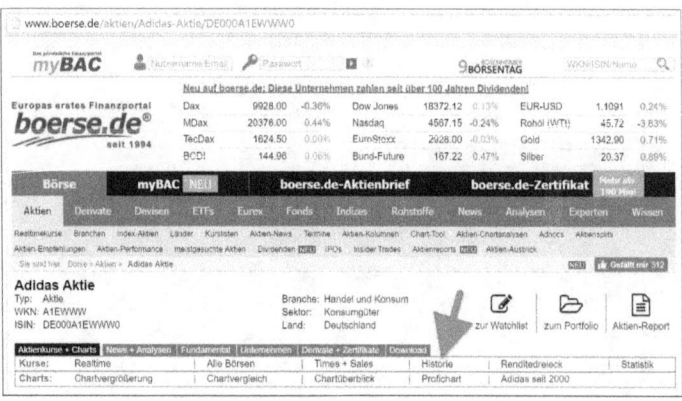

Markieren Sie mit der Maus die Tabelle und deren Werte. Mit der rechten Maustaste erhalten Sie ein Kontext-Menü mit der Option, Ihre Auswahl zu kopieren.

Adidas Jahres-Schlusskurse

Jahr	Erster	Hoch	Tief
2016	89,71	131,10	82,49
2015	57,40	94,49	38,25
2014	92,71	93,87	52,96
2013	67,32	92,68	66,07
2012	50,37	69,23	49,66
2011	49,19	61,94	40,39
2010	37,99	51,54	34,65
2009	27,56	39,30	22,18
2008	51,32	53,87	21,24
2007	38,03	60,65	28,60
2006	40,01	46,27	34,66
2005	29,75	40,92	27,74
2004	23,68	30,82	22,15
2003	20,25	22,75	17,28
2002	20,88	22,13	15,88
2001	16,20	21,00	11,95
2000	18,38	18,38	12,18
1999	23,46	26,13	16,60
1998	30,42	42,05	20,30
1997	17,00	35,02	16,67
1996	9,68	19,07	9,65
1995	9,48	9,97	8,99

Diese Werte fügen Sie dann in Ihre Tabellenkalkulation ein. Sie können die Werte auch manuell übertragen, wenn Sie mit der Formatierung Probleme haben. Diese Arbeit müssen Sie nur einmal machen.

Tipp: Wenn Ihr Tabellenkalkulationsprogramm Probleme mit dem Komma bzw. mit dem Punkt in den Zahlen haben sollte, können Sie diesen mithilfe der Funktion „Suchen und Ersetzen" Ihres Programms einfach entfernen oder korrigieren. Je nachdem, in welcher Sprache Ihr Programm eingestellt ist, verwendet es eine andere Notation für Zahlen mit Nachkommastellen.

1	Adidas			
2	Dividenden Termin	Mai		
3				
4	Jahr	Höchst Kurs	Tief Kurs	Dividende
5	Akt Jahr erwartet			
6	2015	94.50	52.73	
7	2014	89.62	51.88	
8	2013	89.10	62.49	
9	2012	65.53	46.09	
10	2011	53.64	39.05	
11	2010	47.25	31.48	
12	2009	35.71	19.68	
13	2008	45.48	18.9	
14	2007	45.15	30.11	
15	2006	38.10	30.25	
16	2005	35.50	23.82	
17	2004	26.44	18.81	
18	2003	19.54	14.41	
19	2002	18.83	13.08	
20	2001	17.49	9.54	
21	2000	14.83	9.94	
22	1999	21.01	13.8	
23	1998	33.64	16.32	
24	1997	28.02	13.25	
25	1996	15.16	7.66	
26				
27				

Historische Dividenden erfassen

Jetzt besorgen Sie sich noch die Dividenden und übertragen diese ebenfalls in Ihre Tabelle. *Adidas* zahlt nur einmal im Jahr eine Dividende aus. Wenn Sie ein Unternehmen haben, dass mehrmals im Jahr Dividende auszahlt, nehmen Sie den hochgerechneten Jahresbetrag für die Dividende.

Auf *boerse.de* klicken Sie im Menü auf **Fundamental**. Wenn die Seite geladen ist, erscheint im Untermenü die Option **Dividenden**. Klicken Sie drauf, um die Dividenden zu sehen. Scrollen Sie zur Übersicht der jährlichen Dividenden. Übertragen Sie die Dividenden in Ihre Tabelle.

www.boerse.de/aktien/Adidas-Aktie/DE000A1EWWW0

Nutzername/Email   Passwort

Das persönliche Finanzportal
myBAC

Europas erstes Finanzportal
boerse.de®
seit 1994

9. NOVEMBER
BÖRSENTAG

Neu auf boerse.de: Diese Unternehmen zahlen seit über 100 Jahren Dividenden!

						WKN/ISIN/Name
Dax	9928.00	-0.36%	Dow Jones	18372.12	0.13%	EUR-USD	1.1091	0.24%
MDax	20376.00	0.44%	Nasdaq	4567.15	-0.24%	Rohöl (WTI)	45.72	-3.83%
TecDax	1624.50	0.00%	EuroStoxx	2928.00	-0.03%	Gold	1342.90	0.71%
BCDI	144.96	0.06%	Bund-Future	167.22	0.47%	Silber	20.37	0.89%

Börse   **myBAC** NEU   **boerse.de-Aktienbrief**   **boerse.de-Zertifikat**   Mehr als 190 Mio!

| Aktien | Derivate | Devisen | ETFs | Eurex | Fonds | Indizes | Rohstoffe | News | Analysen | Experten | Wissen |

Realtimekurse   Branchen   Index-Aktien   Länder   Kurslisten   Aktien-News   Termine   Aktien-Kolumnen   Chart-Tool   Aktien-Chartanalysen   Adhocs   Aktiensplits

Aktien-Empfehlungen   Aktien-Performance   meistgesuchte Aktien   Dividenden NEU   IPOs   Insider Trades   Aktienreports NEU   Aktien-Ausblick

Sie sind hier: Börse » Aktien » Adidas Aktie

NEU   Gefällt mir 312

Adidas Aktie
Typ: Aktie
WKN: A1EWWW
ISIN: DE000A1EWWW0

Branche: Handel und Konsum
Sektor: Konsumgüter
Land: Deutschland

zur Watchlist | zum Portfolio | Aktien-Report

Aktienkurse + Charts	News + Analysen	Fundamental	Unternehmen	Derivate + Zertifikate	Download

| Kurse: | Realtime | Alle Börsen | Times + Sales | Historie | Renditedreieck | Statistik |
| Charts: | Chartvergrößerung | Chartvergleich | Chartüberblick | Profichart | Adidas seit 2000 | |

4	Jahr	Höchst Kurs	Tief Kurs	Dividende	Einstieg Kurs
5	Akt Jahr erwartet				
6	2015	94.50	52.73	1.50	
7	2014	89.62	51.88	1.50	
8	2013	89.10	62.49	1.35	
9	2012	65.53	46.09	1.00	
10	2011	53.64	39.05	0.80	
11	2010	47.25	31.48	0.35	
12	2009	35.71	19.68	0.50	
13	2008	45.48	18.9	0.50	
14	2007	45.15	30.11	0.42	
15	2006	38.10	30.25	0.33	
16	2005	35.50	23.82	0.33	
17	2004	26.44	18.81	0.25	
18	2003	19.54	14.41	0.25	
19	2002	18.83	13.08	0.23	
20	2001	17.49	9.54	0.12	
21	2000	14.83	9.94	0.23	
22	1999	21.01	13.8	0.21	
23	1998	33.64	16.32	0.21	
24	1997	28.02	13.25	0.14	
25	1996	15.16	7.66		
26					

Berechnen Sie anschließend die Renditen für jedes Jahr, einmal für den Tiefstkurs und den Höchstkurs. Die Formel lautet:

Dividende geteilt durch den Kurs. Tragen Sie also in die entsprechenden Zellen der **Zeile 6: =D6/C6 und =D6/B6** ein (falls Sie die gleichen Reihen und Spalten nutzen, ansonsten passen Sie die Formeln an Ihre Bedürfnisse an). Formatieren Sie die Felder als Prozent (%).

f_x	=D6/B6							
	A	B	C	D	E	F	G	H
1	Adidas							
2	Dividenden Termin	Mai						
3								
4	Jahr	Höchst Kurs	Tief Kurs	Dividende	Einstieg Kurs	Ausstieg Kurs	max Rendite	min Rendite
5	Akt Jahr erwartet							
6	2015	94.50	52.73	1.50			2.84%	0.0158730(
7	2014	89.62	51.88	1.50				

Kopieren Sie anschließend die zwei Zellen **G6** und **H6**. Gehen Sie nun jedes mal eine Zeile runter und fügen Sie das Kopierte ein. So haben Sie dann für jedes Jahr die jeweiligen minimalen und maximalen Renditen.

	A	B	C	D	E	F	G	H
1	Adidas							
2	Dividenden Termin	Mai						
3								
4	Jahr	Höchst Kurs	Tief Kurs	Dividende	Einstieg Kurs	Ausstieg Kurs	max Rendite	min Rendite
5	Akt Jahr erwartet							
6	2015	94.50	52.73	1.50			2.84%	1.59%
7	2014	89.62	51.88	1.50			2.89%	1.67%
8	2013	89.10	62.49	1.35			2.16%	1.52%
9	2012	65.53	46.09	1.00			2.17%	1.53%
10	2011	53.64	39.05	0.80			2.05%	1.49%
11	2010	47.25	31.48	0.35			1.11%	0.74%
12	2009	35.71	19.68	0.50			2.54%	1.40%
13	2008	45.48	18.9	0.50			2.65%	1.10%
14	2007	45.15	30.11	0.42			1.39%	0.93%
15	2006	38.10	30.25	0.33			1.09%	0.87%
16	2005	35.50	23.82	0.33			1.39%	0.93%
17	2004	26.44	18.81	0.25			1.33%	0.95%
18	2003	19.54	14.41	0.25			1.73%	1.28%
19	2002	18.83	13.08	0.23			1.76%	1.22%
20	2001	17.49	9.54	0.12			1.26%	0.69%
21	2000	14.83	9.94	0.23			2.31%	1.55%
22	1999	21.01	13.8	0.21			1.52%	1.00%
23	1998	33.64	16.32	0.21			1.29%	0.62%
24	1997	28.02	13.25	0.14			1.06%	0.50%
25	1996	15.16	7.66					

Historische Durchschnittsrenditen berechnen

Da Sie nun die einzelnen Jahresrenditen berechnet haben, können Sie die durchschnittlichen Renditen berechnen.

Wählen Sie dazu einen Zeitraum, der für Sie passt. Ein Wert zwischen 5 und 10 Jahren ist gut. Summieren Sie die letzten 5 Jahre und teilen Sie die Summe durch 5. Das geht ganz einfach mit der Tabellenkalkulation, da diese eine Funktion dafür bereitstellt.

Bitte beachten Sie, dass die Funktion für die Berechnung des Durchschnitts bei Ihnen anders heißen kann. Suchen Sie nach der Durchschnittsfunktion (AVG, average etc.).

Tragen Sie Ihren Durchschnittswert in **Zeile 5**, in den Feldern **G5** und **H5** ein. Dieser Wert dient zum Berechnen der Einstiegs- und Ausstiegskurse.

f_x =AVERAGE(G6:G10)

	A	B	C	D	E	F	G	H
1	Adidas							
2	Dividenden							
3	Termin	Mai						
4	Jahr	Höchst Kurs	Tief Kurs	Dividende	Einstieg Kurs	Ausstieg Kurs	2.42% ×	min
5	Akt Jahr erwartet							Rendite =AVERAGE(G6:G10)
6	2015	94.50	52.73	1.50			2.84%	1.59%
7	2014	89.62	51.88	1.50			2.89%	1.67%
8	2013	89.10	62.49	1.35			2.16%	1.52%
9	2012	65.53	46.09	1.00			2.17%	1.53%
10	2011	53.64	39.05	0.80			2.05%	1.49%
11	2010	47.25	31.48	0.35			1.11%	0.74%
12	2009	35.71	19.68	0.50			2.54%	1.40%

Einstiegs- und Ausstiegskurse berechnen

Nun haben Sie die Renditegrenzen Ihres Rendite-Korridors für das laufende Jahr. Sie können damit Ihren Einstiegs- und Ausstiegskurs berechnen.

Dazu **teilen** Sie die **zuletzt gezahlte Dividende durch die Durchschnittsrenditen**. Wenn bereits für das laufende Jahr eine Dividende gezahlt wurde, dann nehmen Sie diese. Tragen Sie die Dividende in die Zelle **D5** ein.

Wenn die Dividende für das laufende Jahr noch nicht gezahlt wurde, dann rechnen Sie die Dividende hoch. Sie müssen diesen Wert später am Tag der Bekanntmachung der Dividende anpassen. Dann erhalten Sie eventuell neue Werte. Die neuen Einstiegs- und Ausstiegskurse sollten in Ihrer Watchliste angepasst werden.

Sie können auch gleich Ihre Ausstiegskurse für einen Wellenschnitt berechnen, einmal nach 10 % Kursgewinn und nochmal nach 15 % Kursgewinn.

f_x	=D5/H5						
	A	B	C	D	E	F	G	H
1	Adidas							
4	Jahr	Höchst Kurs	Tief Kurs	Dividende	Einstieg Kurs	96.23 ×	max Rendite	min Rendite
5	Akt Jahr erwartet			1.50	61.91	=D5/H5	2.42%	1.56%
6	2015	94.50	52.73	1.50			2.84%	1.59%
7	2014	89.62	51.88	1.50			2.89%	1.67%
8	2013	89.10	62.49	1.35			2.16%	1.52%

Beispiel Tabelle für einen Kandidaten

Die Dividenden sind Ihr Sicherheitsnetz. Wird der Ausstiegskurs nicht erreicht, bleibt die Dividende als Mindestrendite.

Jahr	Div.	T-Kurs	Rendite	H-Kurs	Rendite
2014	1,50	52,97	2,83 %	92,10	1,63 %
2013	1,35	63,77	2,12 %	90,87	1,49 %
2012	1,00	47,66	2,10 %	66,75	1,50 %
2011	0,80	39,75	2,01 %	54,28	1,46 %
2010	0,35	32,26	1,08 %	48,18	0,73 %
2009	0,50	20,37	2,45 %	36,38	1,37 %
2008	0,50	19,52	2,56 %	46,37	1,08 %
2007	0,42	30,79	1,36 %	45,85	0,92 %
2006	0,33	31,05	1,06 %	38,85	0,85 %
2005	0,33	24,36	1,35 %	36,08	0,91 %
2015 geschätzt	**1,50**	**60,00**	**2,50 %**	**81,08**	**1,85 %**
Tatsächlichen (Update 2017)	1,50	52,73	2,84 %	94,50	1,59 %

Der mögliche Kursgewinn liegt mit 21,08 Euro bei ungefähr 35 %, also deutlich höher als eine Ausschüttung der Dividenden bringen würde.

Kurskorridor

Jahr	Div.	Tiefstkurs	Höchstkurs	Spanne
2014	1,50	52,97	92,10	73,87 %
2013	1,35	63,77	90,87	42,50 %
2012	1,00	47,66	66,75	40,05 %
2011	0,80	39,75	54,28	36,55 %
2010	0,35	32,26	48,18	49,35 %
2009	0,50	20,37	36,38	78,60 %
2008	0,50	19,52	46,37	137,55 %
2007	0,42	30,79	45,85	48,91 %
2006	0,33	31,05	38,85	25,12 %
2005	0,33	24,36	36,08	48,11 %

Man kann deutlich den Sprung nach dem Crash 2007 sehen. Die Kurse waren extrem gestürzt und sind dann wieder auf ein normales Niveau gestiegen. Hier können Sie mit der Dividenden-Hebel-Strategie gute Gewinne erreichen.

Der Durchschnitt der Spanne zwischen Jahr 2013 und 2010 liegt bei circa 42 %. Sie sollten vorsichtig sein, wenn diese Spanne deutlich überstiegen wird.

In den Jahren 2008 und 2009 hat die Aktie sehr hohe Werte. Der tiefe Sturz wurde wieder überwunden. Dazu kam das normale Wachstum, welches ebenfalls die Kurse antrieb.

Der Kurs-Korridor, beziehungsweise die Spanne, gibt Ihnen einen ungefähren Ausblick über das, was Sie zusätzlich verdienen könnten, wenn Ihr Ausstiegskurs erreicht wird.

Backtest

Ein Backtest ist eine Möglichkeit, die Strategie anhand historischer Daten zu testen. Diese Tests sind nicht einfach, da Sie die Zukunft ja im Grunde schon kennen. Dennoch hilft es Ihnen, die Strategie besser zu verstehen. Der Backtest gehört nicht zur Kursberechnung, sondern dient dazu, Ihnen die Wirkung zu demonstrieren.

Für den Backtest erstellen Sie eine Liste mit möglichen Aktionen für die einzelnen Jahre. Dabei berechnen Sie die Kurse so, als ob Sie die Zukunft nicht ablesen könnten. Jeder berechnete Wert wird anhand der vorangegangen Daten ermittelt. Das bietet Ihnen auch ein gutes Training und ein besseres Gefühl für die Kurse.

Bei einem Kauf wird eine Aktie in das Portfolio gelegt. Beim Verkauf werden alle vorhandenen Aktien verkauft. Der Gewinn ergibt sich durch die Berechnung der Differenz der Einstiegskurse und dem Ausstiegskurs.

Wenn kein Ausstiegskurs erreicht wird, ist die Dividende der Gewinn, ansonsten die Differenz zwischen Kauf- und Verkaufspreis. Bei *Adidas* wurden alle berechneten Einstiegskurse erreicht. Das kommt natürlich nicht immer vor.

Die ermittelten Renditen fallen bei einer Reinvestition der Gewinne noch höher aus.

Aktionstabelle für einen Test

Jahr	E-Kurs	V-Kurs	Aktion	Gewinn	Rendite
2008	38,46	50,00	K	0,50	1,3 %
2009	20,83	42,74	K	0,50 + 0,50	1,7 %
2010	17,50	35,00	V	(2x35,00) - 20,83 - 38,46	30,6 %
2011	40,00	72,73	K	0,50	2,0 %
2012	50,00	66,67	K/V	(2x66,67) - 50,00 - 40,00	48,2 %
2013	67,50	90,00	K/V	90,00 - 67,50	33,3 %
2014	68,18	93,75	K	1,50	2,2 %
2015	60,00	81,08	K/V	(2x81,08) - 68,18 - 60,00	26,5 %

K: Kauf, **V**: Verkauf, **K/V**: Kauf und Verkauf

Fazit

Mit der Dividenden-Hebel-Strategie haben Sie nun ein System, dass Ihnen wirklich hilft, Geld an der Börse zu verdienen.

Gehen Sie sehr konservativ vor. Mit einer kleineren Liste an Aktien haben Sie zwar weniger Einstiegsmöglichkeiten, doch dafür sind diese Investments sicherer. Starten Sie also etwas langsamer und erweitern Sie nach und nach Ihre Wertpapierkandidaten.

Halten Sie sich an Ihre berechneten Kurse. Setzen Sie öfters mal die Wellenschnitt-Taktik ein. Gerade dann, wenn Sie genug Kandidaten haben, so dass Sie im Jahr zwei Einstiegskandidaten nutzen können. Dann hilft der Zinseszins-Effekt, Ihr Geld zu vermehren und die kurze Haltedauer reduziert Ihr Risiko.

Anfangen ist das Wichtigste. Zögern Sie nicht. Erstellen Sie sich einen online Broker-Account. Dann können Sie anfangen, sich Aktien für ein Investment zu suchen. Und erst danach berechnen Sie die Kurse. Folgen Sie Schritt für Schritt der Strategie.

Unterhalten Sie sich öfters mit Menschen, die ebenso investieren. Damit haben Sie kostenfreien Unterricht. Sie erfahren die zugrundeliegenden Gedanken für deren Investments. Das kann Ihnen neue Einblicke bringen. Fangen Sie an!

Ich wünsche Ihnen vom ganzen Herzen sehr viel Erfolg.

Kapitel 11

Zu guter Letzt

Alternative: Fonds mit Dividenden-Aktien

Neben der Dividenden-Hebel-Strategie, können Sie es sich auch ganz leicht machen. Jedoch gilt immer, je weniger Risiko Sie eingehen, desto niedriger ist Ihr Gewinn.

Mit der Dividenden-Hebel-Strategie haben Sie etwas mehr Arbeit als mit einem Fond. Aber Sie sparen viel Geld und werden auch mehr Geld verdienen. Ein guter Fonds wird immer Gebühren verlangen. Geld, dass Sie bestimmt selbst behalten wollen.

Fonds

Fonds werden in der Regel von einem Fondsmanager und seinem Team betreut. Sie kaufen Anteile an einem Fonds und das Team setzt die Gelder des Fonds entsprechend der Fonds-Strategie ein.

Einige Fonds werden aktiv verwaltet. Das Team ermittelt geeignete Kandidaten und kauft und verkauft aktiv Aktien.

Daneben gibt es auch passiv verwaltete Fonds, die eine Strategie befolgen oder einen Aktienindex abbilden. Diese Fonds kaufen und verkaufen Wertpapiere vollautomatisch oder nur zum Teil automatisch. Sie richten sich dabei am aktuellen Marktgeschehen.

Fonds mit Dividenden als Strategie

Es gibt auch aktiv gemanagte Fonds, die einer Dividenden-Strategie folgen. Sehr erfolgreiche Fonds gehen weltweit auf Einkaufstour und erwerben Aktien mit Dividenden.

Gerade Aktien in der USA bieten einen schnelleren Zufluss an Geld in Form von Dividenden. Denn die Dividenden werden oft anteilig mehrmals im Jahr ausgezahlt. Dies ist eine gute Möglichkeit, die Gewinne zu reinvestieren.

Die anteiligen Auszahlungen reduzieren auch das Risiko eines Ausfalls der Dividenden. Selbst wenn nach dem letzten Quartal keine Dividenden mehr gezahlt werden, haben Sie schon einen Teil erhalten.

Gründe für den Ausfall der Dividende sind vielfältig, aber meist mit einem vorübergehenden Gewinneinbruch verbunden. Amerikanische Top-Werte schwanken im Kurskorridor auch viel weniger.

Gier frisst Hirn

Keine Rendite ohne Risiko. Auch die Dividenden-Hebel-Strategie kann keine 100 % Sicherheit garantieren. Sie versucht lediglich, das Risiko stark zu minimieren und dabei die Gewinnmöglichkeiten zu erhöhen.

Mit der Dividenden-Hebel-Strategie habe ich bisher noch keinen Kandidaten gekauft, der mir später einen Verlust eingebracht hat. Klingt unglaubwürdig? Ist aber so. Seit ich 2012 die Strategie zum ersten Mal einsetzte, habe ich immer einen Gewinn davongetragen. Manchmal hat es etwas gedauert, doch nicht einmal habe ich einen Verlust mit der Dividenden-Hebel-Strategie erleiden müssen. Ich kann Ihnen aber nicht garantieren, dass es bei Ihnen genauso sein wird oder ob es in Zukunft so weitergehen wird. Sie verwenden vielleicht andere Wertpapiere. Sie nutzen vermutlich andere Werte für Ihren Sicherheitspuffer zur Berechnung Ihrer Einstiegs- und Ausstiegskurse. Aber ich bin davon überzeugt, dass wenn Sie sich an die Strategie halten, Sie auch gute Renditen mit moderatem Risiko erzielen werden.

Risiko wächst mit der Rendite

Wenn ein Angebot mit einer hohen Rendite lockt, dann steigt automatisch auch das Risiko. Der Kapitalmarkt schenkt Ihnen nichts. Egal wer Ihnen eine noch so sichere Anlage anbietet, seien Sie wachsam.

Wenn Sie das Produkt und das Unternehmen nicht verstehen, dann kaufen Sie auf keinen Fall Aktien davon. Verzichten Sie lieber auf eine Investition und damit vielleicht auch auf einen Gewinn. Das ist immer noch besser als einen Reinfall zu erleben. Wenn Sie Geld mit einem Investment verlieren, welches Sie verstehen und vorher geprüft haben, dann ist das eine andere Sache. Das kann passieren. Aber Verluste mit Investments, welche man nicht überblickt, sind ein grober Fehler und dürfen Ihnen nicht passieren.

Verluste wirken stärker als entgangene Gewinne

Ein Reinfall in Sachen Geld wirkt sich oft stärker auf Ihre Seele und auf Ihr Selbstvertrauen aus, als Sie jetzt vielleicht annehmen. Gehen Sie diesbezüglich kein Risiko ein. Halten Sie sich an die Strategie und vertrauen Sie auf Ihr Wissen.

Lernen Sie von meinen Fehlern

Ich habe einmal fast mein ganzes Geld verloren. Meine anfänglichen Erfolge vernebelten mir die Sinne. Damals bekam ich einen Überflieger. Die ersten wiederholenden Gewinne ließen mich glauben, ich sei ein Börsen-Guru. Ich stieg in Optionsscheine auf Aktien basierend ein und wechselte dann schnell zu Optionsscheinen, die als Basis einen Index hatten.

Es lief gut. Am Anfang. Ehe ich mich richtig versah, sah ich mir selbst dabei zu, wie ich mein Geld vernichtete. Die Aussicht, mein Geld in wenigen Tagen zu verdoppeln, fraß meinen Verstand komplett auf.

Um einen extrem guten Hebel zu erhalten, kaufte ich natürlich nur Optionsscheine, die eine kurze Laufzeit von 2–3 Tagen hatten. Wie wenig ich doch wusste, merkte ich erst, als alles zu spät war.

Ich wollte einen kleinen Verlust mit massivem Nachkäufen retten. Da dies schon einmal geklappt hatte, phantasierte ich mir sehr gute Erfolgschancen zusammen. Ein fataler Fehler. Die Kurse liefen noch stärker gegen mich und ich kaufte immer mehr nach, anstatt den Verlust hinzunehmen.

Auf einmal war das Geld weg. Ich war am Boden zerstört. Es dauerte eine ganze Weile, bis ich mich wieder aufraffen konnte. In mir setzte eine Starre ein, die schwer zu beschreiben ist.

Erst langsam besann ich mich wieder auf meine Dividenden-Hebel-Strategie. Diese hatte mir immer gute Dienste geleistet. Doch damals ging mir alles viel zu langsam. Ich wollte noch schneller zum Reichtum gelangen und dachte, eine Abkürzung gefunden zu haben. Lernen Sie aus meinem Fehler. Machen Sie es besser.

Wie geht es weiter?

Erst einmal möchte ich Ihnen meinen herzlichen Dank ausspre-
chen. Vielen Dank, dass Sie mein Buch gelesen haben. Ich hoffe
sehr, dass Sie die eine oder andere Anregung erhalten haben.

Sie beherrschen nun alles, um Ihre eigenen Kandidaten für eine
erfolgreiche Investition zu ermitteln. Und genau das sollten Sie
jetzt tun, wenn Sie noch nicht begonnen haben. Ermitteln Sie Ihre
Kandidaten. Beobachten Sie diese und warten Sie auf Eintreffen
Ihrer berechneten Einstiegskurse.

Ich weiß aus eigener Erfahrung, wie schwer es gerade am
Anfang ist, alleine mit seinen Gedanken über gute Möglichkeiten
zu sinnieren. Manchmal schnappt man die eine oder andere
Schreckensnachricht von der Börse auf und beginnt, an den eigenen Zahlen zu zweifeln. Halten Sie durch.

Besuchen Sie die Webseite zum Buch. Gehen Sie auf:

www.dividendenhebel.de und abonnieren Sie den kostenlosen Newsletter. Dieser berichtet Ihnen Interessantes rund um
die Strategie und soll Sie auch mental unterstützen.

Gehen Sie es ruhig an

Zu Beginn sollten Sie vielleicht keine 10%-Risikokandidaten
nutzen. Gehen Sie es langsam an. Erweitern Sie langsam Ihre
Komfortzone. Lernen Sie das System kennen. Wenn Sie sich dann
wohl fühlen, können Sie den nächsten Schritt machen.

Fühlen Sie sich sehr unsicher mit Ihren Entscheidungen, rate
ich Ihnen, sofort mit dem Wellenschnitt zu arbeiten. Verkaufen Sie
nach 10–15 % Ihr Investment. Dann fühlen Sie sich besser. Was
soll falsch daran sein, dass Sie Ihre Renditen früher realisieren?
Nach und nach fassen Sie mehr Vertrauen in Ihre eigenen Zahlen
und in das System.

Weiteres

Sie wissen nun, wie man die Einstiegs- und Ausstiegskurse berechnet. Sie können sich auf die Suche nach eigenen Kandidaten machen und dabei kostenlose Quellen nutzen.

Es gibt viel kostenloses Zahlenmaterial. Einige kostenpflichtige Dienste lohnen sich dennoch, denn Sie sparen damit oft Zeit und erhalten auch mehr Gewissheit. Die eingesparte Zeit können Sie viel besser investieren. Ein guter Anbieter für Analysen ist *Value Line*.

http://www.valueline.com/

- Bietet gute Produkte zu Analysen von Aktien an

https://research.valueline.com/research\#list=dow30

- Kostenlose Auswertung von 30 Dow-Jones-Aktien
- Historische Firmendaten
- Historische Kursdaten
- Analysen über die Ausrichtung der Firma
- Prognosen der wirtschaftlichen Bedeutung und Richtung

http://boerse.de

- Kostenlose historische Kursdaten für in Deutschland gehandelte Werte

http://finanzen100.de

- Historische Unternehmensdaten
- Kostenlose Watchlisten für die automatische Überwachung von Kurslimits

http://www.finanzen.net/ausblick/

- Gute Berichte
- Große Auswahl an Daten und Fakten

Mein eigener Aktienservice zur Dividenden-Hebel-Strategie für Sie

An dieser Stelle möchte ich auch auf meinen Service hinweisen. Auf *www.dividendenhebel.de/produkte/* können Sie einsehen, welche Serviceleistungen Ihnen helfen könnten. Ich berechne die Einstiegs- und Ausstiegskurse für mich selbst und biete einen Service an, bei dem Sie mir folgen können. Damit erhalten Sie meine Kurse und meine Liste von Wertpapieren. Tun Sie sich schwer mit den Berechnungen? Sind Sie sich unsicher mit den Wertpapier-Kandidaten?

Oder vielleicht ist Ihnen Ihre Zeit dafür zu schade und dennoch wollen Sie mit der Dividenden-Hebel-Strategie profitieren? Dann schauen Sie auf meiner Webseite vorbei. Es lohnt sich, versprochen.

Bonus zum Buch

Noch einmal: Vielen Dank für Ihr Interesse an diesem Werk. Als Dankeschön möchte Ich Ihnen noch ein paar kostenlose Extras zum Download anbieten. Diese Downloads sollen Ihnen helfen, den Start in die Dividenden-Hebel-Strategie so schnell wie möglich auszuführen.

Gehen Sie auf **www.dividendenhebelbuch.de** und fordern Sie Ihr Bonuspaket ein. Sie erhalten:

● Dieses Buch als Hörbuch

● Infografik zur Dividenden-Hebel-Strategie

● Vorlage für Ihre Berechnungen (Excel-Datei)

● Beispiel Berechnung

Drucken Sie sich die Infografik aus. Platzieren Sie sich diese gut sichtbar. So finden Sie schnell rein.

Das Hörbuch enthält die Kapitel, als einzelne Dateien, von mir vorgelesen. Damit können Sie sich leichter an die Inhalte im Buch erinnern und so Ihr Wissen festigen.

Vielen Dank
Ihr Saso Nikolov

Investieren in Aktien muss nicht kompliziert sein.

Performance der Dividenden-Hebel-Strategie

Hier sehen Sie die Performance der Dividenden-Hebel-Strategie seit 2015 bis 2017. Vorher habe ich keine Belege veröffentlicht. Eine aktuelle Aufstellung finden Sie auf:

www.dividendenhebel.de.

Einige Renditen sind unter 10 %. In der Regel kam es nach dem Kauf zu einer Neubewertung und zu einem neuen Ausstiegskurs. Dadurch wurden die Investitionen früher verkauft.

Gewinne

Aktie	Kauf-Datum	Verkauf-Datum	Rendite
Adidas	2015/01/01	2015/02/20	19 %
IBM	2015/01/02	2016/12/09	02 %
General Electric	2015/01/05	2015/11/11	24 %
McDonalds	2015/01/14	2015/10/22	21 %
Exxon	2015/01/28	2016/06/29	05 %
Chevron	2015/07/02	2016/07/12	11 %
Caterpillar	2015/07/27	2016/11/23	27 %
Verizon	2015/08/24	2016/02/05	13 %
Walmart	2015/08/24	2016/07/07	14 %
Coca Cola	2015/08/24	2016/08/12	14 %
Johnson & Johnson	2015/08/25	2016/04/13	21 %
BASF	2016/01/07	2016/12/16	36 %
Boeing	2016/01/20	2017/02/17	41 %
VW	2016/02/08	2016/03/01	14 %
Daimler	2016/07/27	2016/08/12	17 %
Cisco	2017/01/12	2017/02/24	14 %
Walmart	2017/01/13	2017/02/24	07 %
Coca Cola	2017/01/17	2017/05/31	10 %
IBM	2017/05/30	2017/10/20	06 %

Verluste

General Electric steht noch aus. 2018/02/14 werde ich vermutlich mit einem Verlust schließen, damit das Kapital wieder genutzt werden kann. Ansonsten greift das Sicherheitsnetz und reduziert den Verlust mit jeder Dividende. *Das ist der erste Verlust – aber ich gebe die Hoffnung noch nicht auf, denn das Unternehmen kann noch durchstarten.*

Erläuterung zu den Grafiken

Die folgenden Charts mit den berechneten Einstiegs- und Ausstiegskursen zeigt den Verlauf der Einstiegskandidaten. Die grüne Linie markiert den Einstiegskurs. Die rote Linie markiert den maximalen Ausstiegskurs.

Adidas 2015 19 %

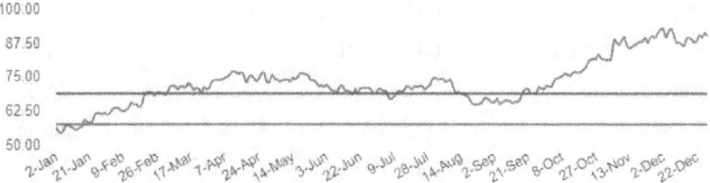

IBM 2015 2 %

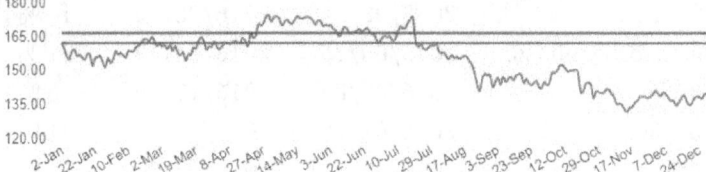

General Electric 2015 24 %

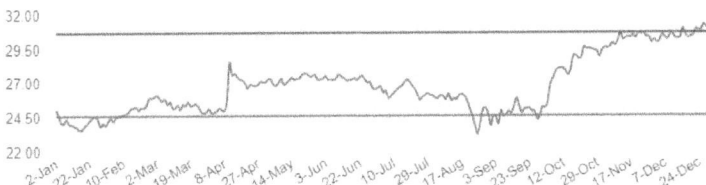

McDonalds 2015 21 %

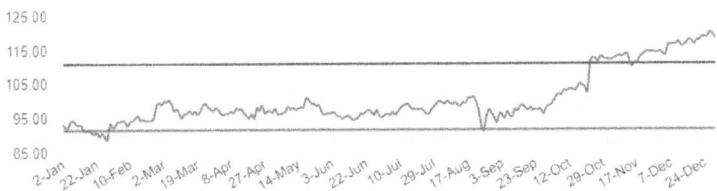

Exxon 2015 5 %

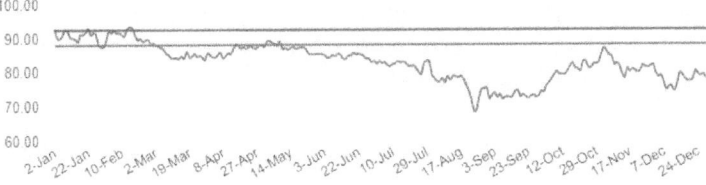

Chevron 2015 11 %

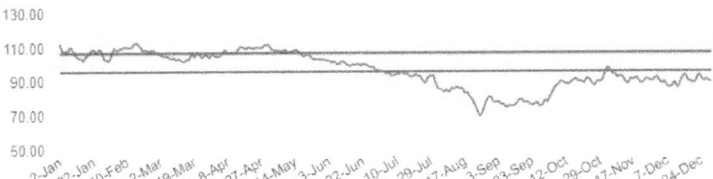

Caterpillar 2015 27 %

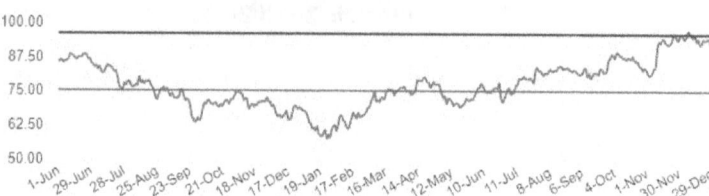

Verizon 2015 13 %

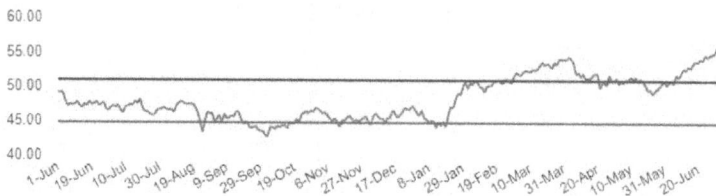

Walmart 2015 14 %

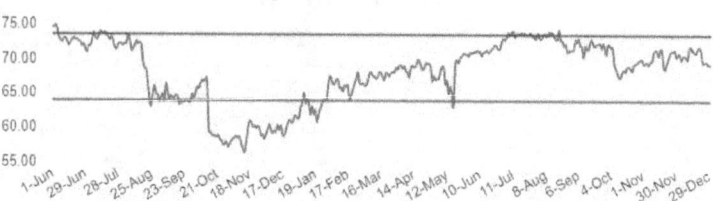

Coca Cola 2015 14 %

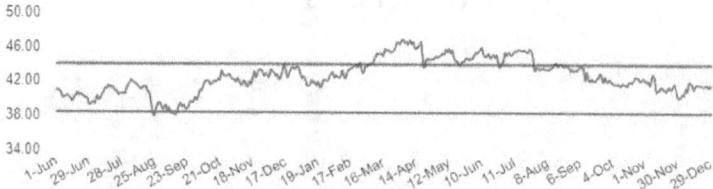

Johnson & Johnson 2015 31 %

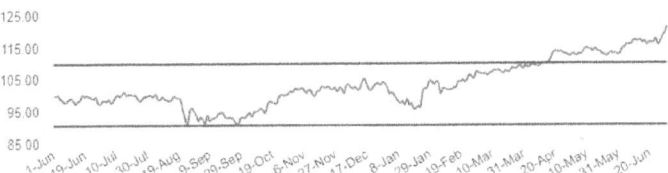

BASF 2016 36 %

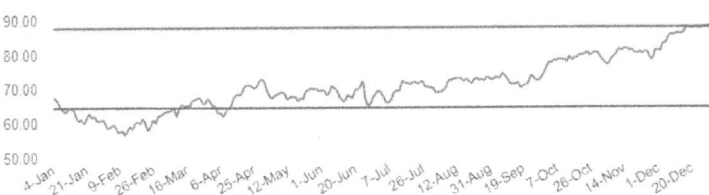

Boeing 2016 41 %

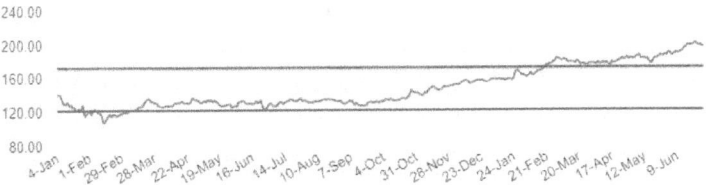

VW 2016 14 %

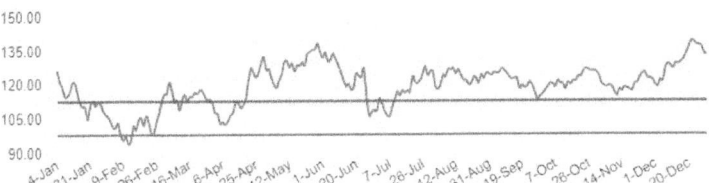

Daimler 2016 17 %

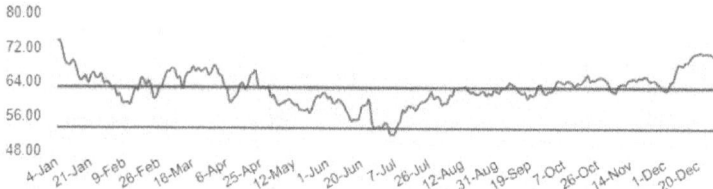

Cisco 2017 14 %

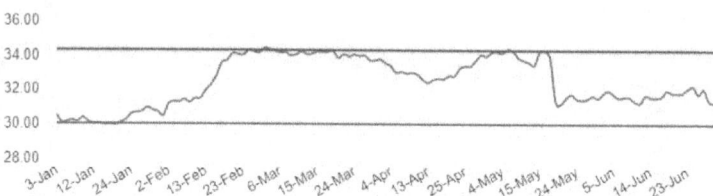

Walmart 2017 7 %

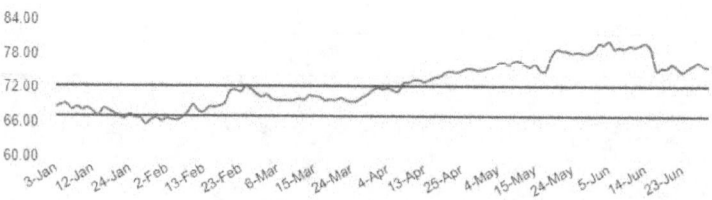

Coca Cola 2017 10 %

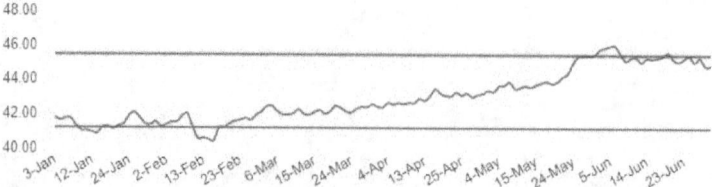

Service zur Dividenden-Hebel-Strategie

Im Laufe der Zeit höre ich immer wieder von Menschen, die zwar die Dividenden-Hebel-Strategie gut finden, doch sich schwer tun, damit zu beginnen.

Das kann verschiedene Gründe haben. Doch die folgenden sind am häufigsten genannt worden. Diese Aussagen kamen von Menschen, die überwiegend keinen Bezug zur Börse und Aktien haben.

Gründe für das Zögern

- Keine Zeit, das Datenmaterial zu besorgen

- Keine Zeit, die Berechnungen zu machen

- Aufwand für die Kurs-Aktualisierungen zu hoch

- Angst, die falschen Wertpapiere zu wählen

- Angst, die Kurse falsch zu berechnen

Das Angebot

Wenn Sie sich nicht mehr mit Kursberechnungen, Marktbeobachtungen und Analysen herumschlagen müssten, würde Ihnen das helfen?

Darum biete ich Ihnen hier einen Service an, der Sie dabei unterstützt, Ihr Kapital gewinnbringend zu investieren.

Je eher Sie beginnen, desto schneller erreichen Sie Ihre finanzielle Freiheit.

Sie sind nicht alleine

Viele fragen mich: „Saso, kannst du nicht einfach mein Geld nehmen und investieren?"

Ich möchte Ihr Geld nicht verwalten. Doch ich werde Ihnen sagen, was ich Ihnen anbieten kann. Ich zeige Ihnen, welche Kurse ich nutze, welche Wertpapiere ich beobachte. Ich schreibe Ihnen, wenn meine Kurse erreicht werden. Dazu gibt es noch Coaching-

Briefe, die Sie langsam, Schritt für Schritt, in das Thema *finanzielle Unabhängigkeit* und Altersvorsorge durch passives Einkommen einführen. Sie werden ein Investor. Es steht Ihnen frei, mich zu begleiten. Folgen Sie mir einfach.

Sie entscheiden, ob Sie mir folgen oder nicht. Ich biete Ihnen keine Erfolgsgarantie an. Sondern ich biete Ihnen an, dass Sie genau das machen können, was ich mache. Ob Sie dann das gleiche Wertpapier kaufen oder nicht, liegt ganz bei Ihnen. Es ist Ihr Geld. Es wird Zeit, dass Sie es in die eigenen Hände nehmen.

Ein paar Worte zu meinem Angebot

Ich würde Ihnen meinen Service nicht anbieten, wenn ich nicht selbst davon überzeugt wäre! Ich investiere genau nach diesen berechneten Kursen. Es funktioniert für mich.

Ich bin so davon überzeugt, dass es ein Muss für mich ist, Ihnen dieses Angebot zu machen. Ich weiß aus eigener Erfahrung, wie schwer es sein kann, selbst Aktien auszuwählen, wenn man sich mit der Börse nur am Rande beschäftigt. Man berechnet die Kurse mit einem Sicherheitspuffer. Doch dann bleibt immer ein flaues Gefühl im Magen: *Habe ich die richtige Berechnung gemacht? Beobachte ich die richtigen Aktien? Wie soll ich diese oder jene Nachricht bewerten?*

Das kann einen derart verunsichern und auffressen, dass Sie vielleicht wieder aufgeben und die extremen Vorteile der Dividenden-Hebel-Strategie an sich vorbeiziehen lassen. Vielleicht ist Ihnen auch der ganze Aufwand zu viel. Dann nutzen Sie doch meinen Service.

Warum ich das mache

Manchmal hört man so etwas wie: „Wenn das so gut funktioniert, warum behält er das nicht für sich selbst und verdient Millionen? 30 % Rendite, das kann ich mir gar nicht vorstellen. Ob das wirklich funktioniert?"

Ja, es funktioniert. Ich habe mich entschlossen, Ihnen die Strategie zur Verfügung zu stellen, damit Sie Ihr finanzielles Ziel erreichen. Mit Ihren Zielen stellen Sie keine Gefahr für mich dar. Es ist genug für alle da.

Dazu will auch ich mein Kapital schneller anwachsen lassen. Indem ich Ihnen einen Services rund um die Strategie anbiete, kann ich mein Kapital schneller aufbauen. Dieser Service ist nicht für jeden etwas, doch für Leute, die sich die Mühe ersparen wollen, die Kurse selbst zu aktualisieren.

Ich will, dass Sie viel Gewinn machen. Ich will, dass Sie erfolgreich mit der Strategie arbeiten, denn **NUR DANN** verlängern Sie auch Ihre Mitgliedschaft. So erzielen Sie hohe Renditen und ich stocke mein Kapital weiter auf, eine Win-Win-Situation für uns beide.

Probieren Sie es aus. Ich habe mit der Dividenden-Hebel-Strategie immer zwischen 20–40 % im Jahr erzielt. Ich kann Ihnen das nicht garantieren. Auch nicht, dass Sie kein Geld verlieren. Aber wenn Sie nur bei einem Einstiegskandidaten den Kursgewinn schon nach 10 % realisieren, dann haben Sie Ihren Mitgliederbeitrag mehr als heraus.

Rechnen Sie mal 10 % von 5.000 Euro. Das bringt Ihnen 500 Euro Gewinn. Ich kann Ihnen nur empfehlen: *Machen Sie es*. Wir profitieren beide davon. Ich nutze mein System sowieso. Deswegen kann ich es auch anbieten. Warum sollten Sie nicht auch davon profitieren? Probieren Sie es aus.

Ich lade Sie ein, Premium-Mitglied zu werden

Verpassen Sie nicht Ihre Chance auf ein entspanntes Investieren mit einem erfolgreichen System in etablierte Dividenden-Aktien. Genießen Sie hohe Kursgewinne, wenn diese bereit sind für die Ernte. Spüren Sie das sichere Gefühl, dass Ihnen Ihr Sicherheitsnetz aus Dividenden bereitet und das alles ohne Stress oder Zeitaufwand. Registrieren Sie sich jetzt und warten Sie nicht länger damit, Ihren finanziellen Erfolg zu hebeln. Verpassen Sie nicht den nächsten Einstiegskurs und profitieren Sie jetzt von dem Kursanstieg.

Gehen Sie auf: **www.dividendenhebel.de/premium/**

Der Autor

Saso Nikolov

Berufliches Wirtschaftsgymnasium. Studium der Informatik mit Hauptfach Wirtschaft an der Fachhochschule Frankfurt am Main.

Schon während des Studiums war ich selbstständig. Stetig auf der Suche nach neuem Wissen, Optimierung und Effizienz lese ich immer lernbegierig die verschiedensten Dokumente auch zu betriebswirtschaftlichen Themen.

Aktien und die Börse haben mich schon immer fasziniert. Doch der Stress im Zusammenhang mit dem Auf und Ab an der Börse war mir nicht angenehm. Ich wusste, da muss es etwas Besseres geben, etwas Einfacheres und ich fand meine erste erleuchtende Lektüre in Form der Biografie von *Warren Buffet*. Anschließend fraß ich mich durch *Value-Investment*-Lektüren.

Nach einem Anfall der Gier mit Optionen fand ich den Weg zu *Bodo Schäfers 7-Jahres-Kurs* und besann mich. Ich belebte meine Dividenden-Strategie, die mir immer gute Dienste leistete und entwickelte diese weiter zu der Ihnen vorliegenden Dividenden-Hebel-Strategie.

Sie halten das Ergebnis in den Händen: Ein System, dass den Gewinn Ihrer Dividendenanlagen maximieren kann, ohne dabei Ihr Risiko zu steigern. Das erreicht es, indem es Ihnen beschreibt, wie Sie geeignete Wertpapier-Kandidaten und entsprechenden Einstiegs- und Ausstiegskurse bestimmen können.

Kontakt

Bonus zum Buch:
www.dividendenhebelbuch.de

Email-Adresse:
support@dividendenhebel.de

Webseite zur Strategie:
www.dividendenhebel.de

Twitter:
www.twitter.com/dividendenhebel

Instagram:
www.instagram.com/dividendenhebel/

Werden wir auf Facebook Freunde:
www.facebook.com/dividendenstrategie/

Ausführliches Inhaltsverzeichnis

Schritt 1 - Ermitteln der Wertpapierkandidaten 75

Schritt 4 –
Berechnete Kurse auf
die Watchliste setzen.............117

Schritt 7 – Berechnungen aktualisieren, bei neuen Dividenden.............163

Zusammenfassung.............167

Zu guter Letzt.............185

Raum für Ihre Notizen

(Gedanken, Anregungen, Ideen ...)

(Gedanken, Anregungen, Ideen ...)

(Gedanken, Anregungen, Ideen ...)

www.ingramcontent.com/pod-product-compliance
Lightning Source LLC
Chambersburg PA
CBHW071411170526
45165CB00001B/243